| 心理学经典译丛 |

The Two Million-Year-Old Self

◆ Anthony Stevens ◆

两百万岁的自性

[英] 安东尼·史蒂文斯 著

杨韶刚 译

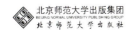

北京师范大学出版集团
BEIJING NORMAL UNIVERSITY PUBLISHING GROUP
北京师范大学出版社

关于作者

安东尼·史蒂文斯（Anthony Stevens），国际知名的荣格分析心理学家，精神医学研究者，英国皇家精神医学院（Royal College of Psychiatrists）成员，分析心理学独立组（Independent Group of Analytical Psychologists）资深成员。毕业于牛津大学，有医学博士学位和两个心理学学位。主要著作包括《原型：自性的自然史》（*Archetype: A Natural History of the Self*, 1982）、《论荣格》（*On Jung*, 1991）、《私密的神话》（*Private Myths*, 1997）以及《简析荣格》（*Jung: A Very Short Introduction*, 1994）。

关于译者

杨韶刚，广东国际战略研究院专职研究员，心理学教授，博士生导师，《战略决策研究》执行主编，中国心理学会社会心理学专业委员会委员。长期从事西方心理学史、道德心理学和社会心理学研究，尤其在精神分析心理学、人本主义心理学和西方道德心理学思潮的研究方面多有建树。已出版《寻找存在的真谛》《精神追求：神秘的荣格》《道德教育心理学》等专著15部，译著23部。

序

安东尼·史蒂文斯（Anthony Stevens）是一位建造桥梁的工程师。在这部经典之作中，他以生花妙笔把分析心理学、人类学、行为生物学、梦心理学、心理语言学、精神病学和各种可以替代的心理治疗方式联系了起来。有一次史蒂文斯给我写信，他说："从孩提时代，我就喜爱建造桥梁。作为一名精神病学家和心理分析师，而且接受过实验心理学的专业训练，我自然而然地对在这三门学科之间的鸿沟上搭建桥梁产生了兴趣。尤为重要的是，我感到自己深受这种兴趣的驱使，想要考察一下，它们之间迥然不同的研究发现和理论建构究竟是以什么样的方式做到相互平行、相互补充以及最终相互丰富的。"

和他正致力于研究的荣格（Carl Gustav Jung）①一样，史蒂文斯极富深意地把分析心理学和其他学科的相关发展联系了起来，从而

---

① 卡尔·古斯塔夫·荣格（1875—1961），瑞士心理学家，分析心理学创始人。

使原型（archetype）的假设经得起实证研究的检验。这一过程肇始于1982年他的《原型：自性的自然史》（*Archetype：A Natural History of the Self*）一书的出版。在这本书里，史蒂文斯论证说，对性格形成学（ethology）①和分析心理学进行的比较研究，能够清楚明白地阐明古代的东西在如下这些基本领域中是如何影响我们生活的。这些领域包括：亲子之间依恋关系（attachment bond）的形成与发展，神话、仪式和宗教对人格形成及其发展的贡献，以及群体团结的保持。在这本书里，他也开始尝试把荣格的基本概念与人脑的结构成分联系起来。

在他的第二本书，1986年出版的《维西米德：一个崇尚治疗艺术的荣格式社团》（*Withymead：A Jungian Community for the Healing Arts*）②中，史蒂文斯考察了人们对社团的根本需求，考察了群体为了治愈精神疾病而把拥有庞大家族的原型群集起来的能力。在他的第三本书，1989年出版的《战争的根源：一种荣格学派的观点》（*The Roots of War：A Jungian Perspective*）中，史蒂文斯注意到，原始社会的男性是易引起武装冲突和杀戮的因素。在这本他写得最好的书中，他还向我们提供了实现和平的方式。

在他的第四本书，1990年问世的《论荣格》（*On Jung*）中，他在一篇富有独特创造性和开拓性的、传记体的论文中，把分析心理学运用到荣格本人身上。在这部作品中，他着重讲述了两百万岁的自

---

① Ethology，可以翻译为性格形成学或性格学，指对人类性格、气质或民族精神及其形成的研究。

② Withymead，是英国的一个崇尚用精神分析方法进行心理治疗的社团。

性是怎样帮助荣格治愈他自己的伤痛的。

因此,《两百万岁的自性》(*The Two Million-Year-Old Self*)就是史蒂文斯在从事心理考古学研究中历经多年而发掘出的产物。他揭示了自性原型是怎样在我们的梦、神话和疾病中表现出来的,他还向我们展示了自性原型的基本智慧是怎样手持钥匙、打开大门,使我们进行治疗探索并治愈我们伤痛的。

在第一章里,史蒂文斯集中探讨了"对不可知事物的认识",这类似于威廉·詹姆斯(William James)①探索"看不见的现实"。史蒂文斯考察了荣格毕生致力于使未知成为可知以及如何把不可知的新领域不断地向后推。作为一个绘制心理图表的人,史蒂文斯带领我们在集体无意识的神秘事物中游弋。在那里,我们遇见了它们本身就是不可知的原型。换句话说,这些原型是不可直接认识的。和原子一样,它们的存在只能从其各种不同的表现形式中推论出来。史蒂文斯假设,这个两百万岁的自性居住在心灵深处黑暗的地下迷宫里。他揭示了梦是怎样使黑暗而又原始的地下世界大放异彩的,使我们能够在这个史前的原型世界中发现永恒的自性。

我们的自我(ego)常常只想认识可知的事物,而忽略了对不可知事物的认识。但是,正如荣格所体验到的——而且已经在对所有荣格学派分析师的培训中被确立下来——我们也能认识不可知的事物。为了做到这一点,意识的自我必须向一个更高级的力量投降,

① 威廉·詹姆斯(1842—1910),美国第一代哲学家、心理学家、教育学家,实用主义哲学的创立者,美国机能主义心理学的先驱,曾两度担任美国心理学会主席。

这个更高级的力量就是自性［神圣意象（the Imago Dei）或心理中心和整体］；然后通过体验到象征的自我死亡，我们就能认识超自然的神秘事物（numinous mysterium）。保罗·蒂利希（Paul Tillich）通过面对虚无时拥有的存在的勇气（the courage to be）而领会了宗教精神肯定的这一要旨。如果我们还有耐心的话，神圣的光芒就会无论是在我们的内心世界还是在心理的表面看来十分混乱的集体无意识的茫茫黑暗中闪耀。集体无意识是我们的外部世界或宇宙的一面镜子。我们能够（在神秘的直觉意义上）认识到，我们只是永不停息的神圣进化过程中的一粒富有创造性的生气勃勃的火花。我们是怎样瞥见这一点的呢？

第二章的标题是"梦见神话"。在这一章里，史蒂文斯帮助我们打开了我们做梦时的心灵之窗，以及我们体验这一内部世界的体验之窗。史蒂文斯论证说，梦尝试架设一座从心理的外部世界通往内部世界的桥梁。他认为，为这一艰巨任务负责的这个内部桥梁的建设者不是别人，就是那个原始的天才，那个两百万岁的自性。史蒂文斯证实，这种假设与神经科学的证据一致，即梦的活动是从在种系发展中非常古老的脑部位开始的。按照史蒂文斯的观点，"与这个内部世界的两百万岁的自性交会（encounter）就是去体验我们人类的种系发展史，这是一种个人的新发现"。他问道："还有什么是比这更令人惊奇的冒险呢？"但是史蒂文斯也痛惜地指出，在我们大多数人看来，对这个从原始时代就存在的、经常在我们醒着和睡眠时伴随着我们的人物，我们却完全一无所知。

犹太教法典说，"一个没有得到过解释的梦就像一封未读过的信"，而史蒂文斯则对当代最有趣的一个梦做了解释，这个梦是加里（Gary）做的。他是一个年轻的农民，也是史蒂文斯的一位病人。史蒂文斯解释了这个梦的原型成分，指出一个古老的神话是怎样在梦中出现的，以及它是怎样和加里的处境及问题联系起来的。这位病人梦见了一个神话，使他能够不受其神经症冲突的影响，继续进行他自己的个体化过程。

有些人会询问"我的个人神话是什么，我怎样实践它"，这说明这些人已开始了他们自己寻求答案的个性化过程（individuation process）①。这些答案把治愈痛苦作为深度治疗的一部分而包含在内，正如弗兰西斯·培根爵士（Sir Francis Bacon）所说，"若没有探索，创伤和痛苦就不可能治愈"。史蒂文斯在这本书的第三章"治愈伤痛"中发现，这种探索包括对内心世界这个两百万岁的自性的探索，这个自性正在奋力地适应当前的世界。史蒂文斯认为，这种抗争向我们提供了心理病理学的一个基本原则。他坚持主张："当今时代的环境允许有那些有两百万年历史的原型需要得到实现的地方，其结果就是那种我们称之为健康的心理适应形式。但是，当今时代的环境允许有那些有两百万年历史的原型需要遭受挫折的地方，其结果则会导致适应不良和疾病。"

---

① 在荣格心理学中，个性化过程就是自我实现的过程。在这个过程中，个体成为心理学"可分割的内在"（in-dividual），意思是说，个体成为一个可分离的，但不可分割的统一体或"整体"。这是一个终极的概念，个体在获得阶段性的意识或无意识的短暂平衡之后，仍然需要对随后发生的二元对立的矛盾进行融合，使意识能够了解无意识的内容，使原来偏颇的意识态度得到纠正，使人格获得健康的成长。

为了阐明他的论点，史蒂文斯对詹妮弗（Jennifer）那个复杂的精神病案例进行了描述。詹妮弗表现出多种精神病症状：焦虑、恐惧、抑郁、有一些强迫性的想法和强迫性动作、精神分裂症一样的退缩。史蒂文斯指出了正确理解所有这些症状的方式，对那个两百万岁的幸存者来说，所有这些症状都是完全正常的反应模式的一些病态夸张。他指出，通过自我揭露、交朋友，正确地对待和认识这个古老的内部存在的黑暗秘密，詹妮弗几乎克服了她的全部障碍。他得出结论：就我们所有的人而言，接受居住在我们心理世界中的这个土生土长的自性、产生同理心（empathy）、进行联系和交往是适应和健康的关键。所谓有障碍的人才能以这种方式成为个性化的人，并过上一种充分信任他人和更加完满的生活。

伊莉莎·巴特利特（Elisha Bartlett）曾写道："治疗学并不是建立在病理学基础上的。前者不可能依据后者推断出来。它是完全建立在经验基础上的。它绝对地而且完全是一种经验的（empirical）艺术。"在史蒂文斯的第四章"治疗的探索"中，他对治疗的经验艺术做了思考。他根据两百万年来人们对疾病含义的理解、对治愈要求的理解，深入调查了一些可供选择的治疗方法，如针灸、按摩脊柱疗法、芳香治疗和顺势疗法所取得的成功。他论证说，现代医学和精神病学，连同它们对科学和技术的强调，都使两百万岁的感受失去了方向，使它得不到支持并被误解。史蒂文斯使用比较人类学和分析心理学的材料来阐明医治者的原型，并且确定了有史以来我们人类就已知晓的那些基本原则和治疗实践。史蒂文斯对荣格的下述观点做了回应，认为心理代表着一种自然的治愈力量。史蒂文斯讲述这种观点，旨在帮助我们内心深处的这个两百万岁的自性更多地感受到，生活在我们外部的当代世界里是比较安适的。他假设说，为了使我们人类的自然生活重新和我们地球上的自然生活和谐一致，我们就必须改变我们的态度、我们的制度和我们的环境。

该书把安东尼·史蒂文斯的个人神话同治疗——治疗我们自己和我们的世界——的原型神话联系起来。这是一种深刻的说明，在广度上包含多方面的内容，在深度上鼓舞人心。对于我们怎样以友好的态度对待我们内心深处的这个两百万岁的自性，怎样促使这种古老的集体智慧发挥作用来拯救我们自己、我们整个人类大家庭以及我们的地球，这本书提供了一种重要而又及时的思路。我们必须认识到，只要我们还活着，这个两百万岁的自性就必将继续存活下去。

我相信，在安东尼·史蒂文斯的深刻洞见中存在着使这个两百万岁的自性的调整活动得以完成的种子。当我们不仅对人类的而且对其他生命的集体经验的表现形式都有更多的认识时，我们和我们的世界就会发生转变，处于更健康的状态。那时，我们就会真正成为一个统一的人类大家庭——与我们自己、与他人，以及与我们的地球和谐一致、和平共处。

大卫·H. 罗森
得克萨斯州，学院驻地

致　谢

　　我愿意借此向卡罗琳·费伊（Carolyn Fay）和大卫·罗森（David Rosen）表示我最热忱的感谢，感谢他们善意地邀请我在费伊主持的讲座中做演讲。本书就是依据讲座的草稿写成的。我还要感谢他们1992年4月在得克萨斯对我的盛情款待。德博拉·沃里斯·罗森（Debohra Voorhees Rosen）在第一次讲座之前为我准备的那个晚会非常独特，而且对我来说，整个访问是一个提高生命价值和难以忘怀的过程。

　　我无比感激"加里"和"詹妮弗"允许我讲述他们人生阅历中的那些最重要的方面。和这类病人在一起工作的好处是，它使我的生活有了价值，也使本书的出版成为可能。

　　我必须感谢罗特里杰（Routledge）和普林斯顿大学出版社允许我引用《荣格全集》（*The Collected Works of C. G. Jung*），感谢罗特里杰、威廉·科林斯和兰登书屋允许我引用安妮拉·贾菲（Aniela Jaffe）记录和编辑的荣格撰写的《回忆·梦·反思》（*Memories,*

Dreams，Reflections)一书，感谢多伦多大学出版社允许我使用 P. 麦克莱恩(P. MacLean)博士关于三位一体的脑的著名图表。

我格外感激诺玛·勒斯科姆(Norma Luscombe)——她始终不渝地关注我的初稿，勤奋而富有幽默感地对我的原稿进行文字加工，感谢玛丽·莱恩·狄克逊(Mary Lenn Dixon)热情地对本书终稿所做的编辑工作。

目　录

绪　论

每一个已经文明化的现代人，无论他的意识发展到多么高级的程度，在其更深层次的心灵中他仍然是一个古代人。

——《荣格全集》第 10 卷

荣格心理学的核心有这样一种观点：在我们的意识智力（conscious intelligence）①之下，有一种更深刻的智力在发挥作用，这就是人类通过进化而形成的智力。荣格将这种经过种系发生的心理成分进行拟人化的处理，把它视为一种古老的存在，或者叫作"存

---

① 意识智力，亦可译为"意识智能"，指我们的意识能够觉察到的智力活动，包括认知层面的心理活动。例如，对事物的感知、记忆、思维和想象，尤其是综合判断、推理、创造性思维等。现代心理学采用智力测验的方法测试人的智商（IQ），测试的主要内容就是意识层面的智力。

在于我们所有人心中的一个已经两百万岁的人"。也因此，荣格受到了一些逻辑学家的质疑，这些逻辑学家谴责他陷入了那个小矮人（homuncular）的谬误之中，就是说，他相信在他心里有一个矮小的老人坐在那里实施着控制。但是，荣格并没有因为他有这种幻想而感到苦恼。在他看来，可以把这个两百万岁的人生动地比喻为处于个人存在核心的一种古老的原动力，它是凭借我们人类的进化遗传而形成的。在表达这种观点时，荣格与尼尔斯·波尔（Neils Bohr）①的态度是相同的。波尔曾认为原子是一个"微小的太阳系"。这两种比喻都是有效的尝试，都想为那些不可看见的东西创造出一种工作意象来。

卡尔·古斯塔夫·荣格

尼尔斯·波尔

荣格发现，种系发生的（生物进

① 尼尔斯·波尔（1885—1962），丹麦物理学家。他对原子结构和量子力学进行了研究，并因此获得 1922 年诺贝尔物理学奖，被视为 20 世纪最有影响力的科学家之一。

化的)心灵是由原型单元组成的，这些原型单元在梦和幻想中以拟人的形式(personate)表现出来。我们在梦中和幻想中遇见的并不是作为理智的抽象观念的男性化、女性化、邪恶或智慧，而是具有他们自己人格和意图的人物形象。当荣格在他的病人和他自己身上碰到它们时，就把它们命名为阿妮姆斯、阿妮玛、阴影、智慧老汉和智慧老妇人。这个两百万岁的人是另一种形式的拟人化表达方式：这个古老的存在物在我们的头脑中并没有任何物质形式的存在，"灵魂"或"无意识"也同样是没有物质形式的存在。但是，它是我们进化遗传的现象学的具体表现形式，在我们的个人生活中扮演着某种不可或缺的角色，是作为人的一个伙伴而"拟人化地表现出来的"。我已经知道，我们是能够认识、热爱和亲近这个伙伴的。

荣格心理学的一种力量(也是一种严重的危险)就是它对神秘事物的喜爱，它坚持走自己道路的意志。遗憾的是，这种自力更生的无畏精神可能会导致那种心理上的目光短浅。詹姆斯·黑尔曼(James Hillman)①就是这种观点的坚定拥护者。在他所著的《梦与地下世界》(*The Dream and the Underworld*)这本既引人入胜又具挑

---

① 詹姆斯·黑尔曼(1926—2011)，美国心理学家，后荣格学派的著名代表人物之一。他曾在苏黎世的荣格学院学习和研究过，提出原型心理学。其核心思想是对灵魂—意象(soul-image)做出新的解释。他把心灵(psyche)等同于意象(image)，但与荣格的心理结构或原型不同。他从动态的角度强调意象对人的心理和整个世界的塑造作用，意象既是心灵的内容，也是心灵观察万物的视角。

衅性的书中，他宣称："深度心理学的传统就是待在家里，并顺其自然地发展而创造它自己的基础。"想要以此为基础建构一种心理学，这可不是一个可靠的基础，而是一个空想的基础，一个只适合于建造空中楼阁的基础。为了使这种多少有点像广场恐惧症的传统得以保持下去，黑尔曼宣称，弗洛伊德（Sigmund Freud）①和荣格都"公开放弃了把解剖学、生物学、自然科学和神学作为他们学术活动和主张的基本前提"[1]。但是，真实的情况并非完全如此，他们当然也不会放弃前面所称的四种学科。弗洛伊德之所以选择要待在家里，是因为在他看来，神经生理学还没有发展到足以使他提出他最初就想要建立的"科学心理学的设计"。事实上，

西格蒙德·弗洛伊德

弗洛伊德在伟大的欧内斯特·布吕克（Ernest Brucke）实验室里工作了六年，他所获得的神经生理学知识，对他的精神分析理论的形成产生了深刻的影响。和弗洛伊德一样，荣格承认"这种'心灵红外

———————

①　西格蒙德·弗洛伊德（1856—1939），奥地利犹太心理学家，精神分析学派创始人。

线'(psychic infra-red)①，即心灵的生物本能的极点"的基本重要性，这种心灵红外线"逐渐转变为机体生理学，并因而与其化学的和物理的条件相结合"[2]。荣格把原型的这种生物学的极点比作性格形成的"行为模式"，并宣称它就是"科学心理学所要适当关注的东西"[3]。

我可不愿意待在家里，我愿意让我们大家深入遥远的过去，沿着地平线进入远离西方心理学传统的文化中去进行一番游历。我也不想把我们自己限制在相对比较近期的苏美尔、埃及、希腊或罗马的过去的类似事件之中，我宁愿回到更久远的过去，回到我们的心灵所由之形成的靠狩猎和采集而生存的时代，回到所有人类经验的原型基础，回到仍然生活在我们的心灵和脑结构中的人类的、哺乳动物的和爬行动物的祖先那里去。要做到这一点，就要在荣格的那个两百万岁的人内部发现一个一亿四千万岁的脊椎动物，它会对我们的有限存在提供支持，并且使我们的梦富有生命力。

绪论注释：

[1] James Hillman. *The Dream and the Underworld*，p. 6.

[2] C. G. Jung，*The Collected Works*，Vol. 8，第 420 自然段。

[3] C. G. Jung，*The Collected Works*，Vol. 18，第 1228 自然段。

---

① 红外线是不可见光，被普遍应用于军事、海防、安保等方面。也有一些神学家尝试用红外线摄影机、照相机等来捕捉所谓鬼魂、精怪的踪迹。在荣格心理学中，心灵红外线的意思是指与人的最基本的生物本能密切关联的心理活动，是处在潜意识深处的原型的生物学极点。

第一章

认识不可知的事物

我们必须时刻牢记在心，我们的所谓"原型"其本身是不可能进行表征的，但其作用在于能使我们对它进行想象，这就是原型意象和观念。我们在物理学中遇到过一种类似的情境：在物理学里最小的微粒本身是不能进行表征的，但它们却具有某些作用，我们可以凭借这些作用的性质建立一个模型。

——《荣格全集》第 8 卷

一、对理解的一种强烈欲望

作为受过教育的西方社会的成员，我们享有许多共同的假设，其中一种假设是，我们能够潜在地认识一切可以认识的东西。只有当我们开始把认识推向其极点，而且询问什么是"认识"、我们怎样才能"认识"任何事物等诸如此类的问题时，我们才从这种幻想中摆脱出来。在宇宙存在之前存在着什么？所有创造物的本质是什么？为什么会有事物的存在？当提出诸如此类的问题时，我们才开始明白，可能确实存在这样的东西，它们是我们无法把握、无法认识甚至无法想象的，更不用说去理解它们了。

但是，这些问题是那种连小孩子都会感兴趣的问题。正如所有的儿童都是天生的艺术家一样，他们也都是天生的形而上学家。他们提出的那些天真的问题常常具有某种深度，以至于即使我们花费毕生的精力进行研究也难以了解。为什么会有地球？上帝是从哪里来的？什么是死亡？我们为什么非要死亡？是什么使我们活着？"妈妈，在爸爸把我放进你的肚子里之前，我在哪里呢？"当我在 5 岁时向我的母亲提出这个问题时，她那令人震惊的回答——"我不知道，宝贝"——促使我第一次有了积极想象的体验：我曾对着一片白云进行过无尽头的等待，等待着苍天把我召唤到我父母的卧室——这种等待是极其令人厌烦的。那种体验教导我，我能生活在这里，这是一件多么神奇的事情啊！生命是多么宝贵啊！一个人必须珍爱生命，欣赏度过的每一天。

对人类起源问题的关注使儿童具有了神话学和认识论的倾向。他们大多数人之所以失去了这种倾向，是因为我们社会中的大多数成人并没有这种倾向。然而，有少数人却从未停止过对认识论的探求。他们就是那些奋斗不息以至最终成为科学家、哲学家、心理学家的人。他们受到某种力量的驱使，要去发现这些天真问题的答案。当他们找到答案时，这些答案反而只是引发他们提出更多的问题，因此，他们往往被这些问题缠住，而这些问题也就成了他们自己毕生研究的问题。荣格就是这种人当中的一个。

当荣格在82岁开始写自传时，他说过这样的话，"我的一生是一部无意识自我实现的历史"。他写的是普遍意义上的无意识，而不是我的无意识，这一点至关重要，因为强烈地吸引着他的是人类普遍未知的东西，它们一代又一代地在世界上寻找着化身。在回顾他的一生时，他写道："就我而言，一定是有某种朝向理解的强烈欲望促使了我的诞生。因为这是我的本性中最强烈的因素。"[1]他承认我们天生都有一种"想要认识的需要"，但他觉得在这方面他确实有一种特殊的天赋。

这种特殊的天赋使他能够感知到在一些典型事件背后发挥作用的那些原型模式。他经常承认这个事实：原型是超越现实的，是无法表述的，因而其本身是不可知的。这个事实反而又增强了原型对他的吸引力。

荣格的认识论使命——他想要认识事物的需要——使他对拥有灵知（gnosis，知识）的人或教派（the Gnostics）①始终有一种强烈的好感。诺斯替教（gnosticism）这个早期基督教派别（古希腊的智者

---

① "the Gnostics"，诺斯替教，诺斯替主义者（指拥有灵知的人或者派别），是早期基督教的一个派别，它重视某种神灵的直觉，认为灵知是对宗教真理的直觉认识，认为只有有信仰才能得到知识，在西亚、东亚哲学中曾被视为邪教。

gnostikos，一个能认识事物的人）认为，必须把灵知、智慧（sophia）及一般知识（episteme）三者区别开来，因为灵知不同于其他各种知识：它不是从普通的来源中获得的，也不是通过感官获得的，而是通过特殊的启示直接从上帝那里获得的。荣格相信，他是在青少年时代坐在巴塞尔大教堂的屋顶上排便时在对上帝的幻想中获得这种启示的。而且这使他简直不能忍受他的父亲在面临失去信仰时表现出来的胆怯。每当荣格与他争吵时，他的父亲就变得很烦躁不安并转攻为守地说："你总是去想。"父亲往往抱怨说："一个人不应该去想，而应该去信仰。"荣格却不能容忍这种观点："不。"他认为，"一个人必须去体验和认识"！与他那位已经在心理上破产的父亲发生的这些心灵冲撞，使荣格更加坚定了对诺斯替教的信念——当一个人献身于认识和体验这种心理的现实时，他就更要坚定这种信念。[2]

事情的发展也需要进行检验和探究。尽管深受弗洛伊德的吸引（弗洛伊德在所有重要的方面都站在了他父亲的对立面上），但荣格却不可能承认，弗洛伊德对精神分析基本概念的精心阐述是对已确立的智慧的绝对正确的说明。他必须对它们进行检验，最初是用字词联想测验（word association test）①，后来则是通过对精神分裂症

---

① 字词联想测验最初由英国心理学家高尔顿（Francis Galton）于 1879 年首创，后德国心理学家冯特（Wilhelm Wundt）将其引入反应时实验中。荣格进行了一系列字词联想测验，发现了隐藏在个体潜意识背后的情结（complex），据此提出了情结理论。如果被试在刺激词出现之后表现出紧张、大笑等，则把这种情况视为情结，通过对情结的深入分析，可发现隐藏在被试无意识深处的心理症结。

病人的观察和对神话学的研究。尽管弗洛伊德极其不高兴，但荣格还是对精神分析的两个基本假设提出了不同看法，即（1）力比多完全是性欲的（荣格则认为并非如此）；（2）无意识完全是个人的，是个体所独有的（荣格则逐渐认识到无意识包含得更多，所有的人类都享有一种共同的心理结构）。

荣格发现，精神分裂症的幻想和神话非常相似，对他来说，这一发现是一个理智上的分水岭。这使他坚信，弗洛伊德的观点简直就是狭隘的个人至上论，以至于使弗洛伊德看不到由于我们的人性而使我们大家共同享有的超个人的心灵存在。荣格称之为自然心灵，这是一种动力学的基础，我们的私人世界就是建立在这个基础之上的。界定和确立使个人的觉知（awareness）得以成长发展的这个基础，便成为吸引他的余生的一项任务，而且他关于原型和集体无意识的假设[用阿德勒（Alfred Adler）的话来说]就是一些"指导性的虚构"（guiding fiction）。在他和弗洛伊德决裂之后，这些"指导性的虚构"才使他能够在自己的道路上前进。

当荣格宣称原型——自然心灵的基本单位——基本上是不可知的时，他的意思究竟是什么呢？他的意思是，它们是不可直接认识的。在荣格看来，私人的体验、内在的认识、灵知（神秘的直觉）都是原始的。所有其他事物则都是推论出来的，其中一个原型的存在只能依据它在神话、精神病人的幻想和梦，尤其是"大"梦或像人类学家所谓"文化模式的梦"中的表现推论出来。

荣格本人于 1914—1918 年在瑞士（在第一次世界大战期间持中

立立场)进行了"无意识实验",后来该实验结果在他对西非的埃尔贡地区和新墨西哥州的印第安人的考察中得到了证实和解释。在他看来,这些研究进一步证实了以下三个关键假设的有效性。

(1)心灵是主要论据——不仅是心理学的主要论据,而且也是我们生命的主要论据。(2)它是客观的,因为我们并没有建构我们的精神或者决心来使它存在:它是先验地存在的,是自然的或进化的产物。(3)客观心灵的基本单位是原型——集体无意识的原型。它为我们在整个一生中的舞蹈设计了基本的动作模式。正是这种原型,而不是我们的意识自我,在承担后果和发号施令,正如马修·阿诺德(Matthew Arnold)所理解的:

> 我们一降临人世——便带着
>
> 一种偏见和我们一起来到这里,
>
> 而且在这里时,每一种新的东西
>
> 都会影响我们接近真理;
>
> 我们并未发号施令,我们的存在必须保持和谐。
>
> ——埃特纳火山上的恩培多克勒,1852 年

二、集体无意识的原型

作为荣格心理学的基本概念，原型的意义堪与牛顿物理学中的地球万有引力定律、爱因斯坦物理学中的相对论，或达尔文生物学中的自然选择相比拟。它就是心理学的量子论，是 20 世纪出现的最重要的观点之一，对社会科学和自然科学都具有深远的含义——虽然从事社会科学和自然科学研究的人们是慢慢地认识到这个事实的。正如我们将要看到的那样，他们正很快地追赶上来。

赫拉克利特（Heraclitus）①曾公正地观察，并发现，"每个事物的真正构造都习惯于把自己隐藏起来"。正如物理学家研究粒子和波、生物学家研究基因一样，心理学家的研究内容就是原型，因为原型是组成集体无意识的功能单位，而且它们一起构成了"人之为人的古老遗传"。荣格把它们描述为"以不可见的方式决定个体生活的一种活生生的反应系统和能力倾向"[3]。

这种系统阐述导致的问题是，对社会科学家和学术机构来说，

①　赫拉克利特（约公元前 530—前 470 年），古希腊爱菲斯学派的著名哲学家，是西方传统的辩证法思想的早期代表人物。

它具有太多达尔文主义（Darwinism）①的味道，因而难以被他们接受。结果，荣格对其宣布的原型理论从未得到它所应该得到的值得注意的承认。为什么会是这样呢？

为了理解导致这种忽略的原因，我们必须简要地回顾一下自达尔文时代以来思想观点的发展史。遗憾的是，早期的社会科学家迫切地接受了达尔文的观点，把这些概念误用作政治现象中的"为生存而斗争"和"适者生存"，从而引起了众所周知的社会达尔文主义这一声名狼藉的运动。毫无疑问，社会达尔文主义得到了错误的运用。帝国主义者用它来证明消灭原初的居民是合理的；希特勒用它来支持其统治世界的幻想，试图证明他对南斯拉夫人和犹太人的种族灭绝是合理的；犯罪学家把它作为支持死刑和阉割的一种论点；优生学家把它作为选择无痛苦致死术的一种正当理由；军事家把它作为到处发动战争的一种正当理由。

对这些罪行的历数和记录使社会达尔文主义丧失了信誉，因而我们不难理解，为什么人们会对社会达尔文主义的各个方面都感到厌恶，在研究人类心理学时会对生物学的概念产生抗拒。于是，钟摆艰难地摆动，而且"先天的东西"成了全世界所有的大学系科中的

---

① 达尔文主义指英国生物学家 C. R. 达尔文（Charles Robert Darwin）在19世纪中叶创立的以自然选择为中心的生物进化理论。他揭示了自然选择是生物进化的主要动因。本书指的达尔文主义实际上是社会达尔文主义，是把达尔文的生物进化论思想运用到人类社会中，强调人类社会也具有弱肉强食、物竞天择、适者生存的生物学倾向，因而受到一些社会科学家的强烈批评。

一个禁忌主题。自由主义就意味着环境决定论①、行为主义和白板论(tabula rasa)②这类被尊奉为经典的学说——在这块空白的板上，生活可以通过某种脱离现实的奇迹，设法铭记下它的所有教训，而不会受到来自过去的进化的任何抵抗。

随着钟摆的继续摆动，时钟开始向相反的方向运动——回到了盎格鲁—撒克逊(英国人)的理智传统钟爱的前达尔文时代的经验主义。这种观点认为，所有的概念都是从经验中获得的，"先天的东西"无论如何都不起任何作用。人类的心灵是怎样"储藏着如此大量的空间，使人繁忙而无限创造地在上面绘出图画的呢"？经验主义者约翰·洛克问到。他自己回答说："一句话，是从经验中获得的。"[4]

在这种社会氛围中，荣格的观点显然不可能得到公正的对待，他也的确未曾得到过。他一再声明他并不是在为先天的观点辩护，但这样做只能是白费力气。他说，原型并不是被遗传的观念，而是能够被遗传的潜在观念——任何生物学家都会发现，这样的声明是可以接受的，但直到最近却仍然没有被心理学家接受。一些人不仅没有听取荣格的观点，反而谴责他，说他是法西斯分子、反犹太主

---

① 环境决定论认为人类的体质特征、心理、民族特性、文化发展、社会进程等均受地理环境，特别是气候条件支配。在心理学上主要指以美国 J. B. 华生为代表的行为主义心理学派。

② 英国经验主义哲学家洛克把人初生时的心灵比作一块白板，认为上面没有任何观念和认识，所有这一切都是在后天习得的，都起源于感觉和反省。

义者和纳粹的同情者，而那些自诩问心无愧并且在为自由民主服务的行为主义者，却仍然在不断地提出他们的"学习律"。他们显然并没有意识到，世界上每一个专制的人都很熟悉这些规律，但他们却滥用这些规律对那些不幸的人们进行折磨、洗脑和威胁。"行为主义当然是起作用的，"W. H. 奥登（W. H. Auden）哼着鼻子说，"折磨也是起作用的，给我一个决不胡说八道的、实事求是的行为主义者，几片药和一些简单的电器械，在六个月之内我将使他当众背诵亚大纳修信经（Athanasian Creed）①。"[5]

虽然似乎很少有人认识到这一点，但荣格关于原型的假设实际上超越了所谓天性与后天教养的争论，并且使笛卡儿关于身心二元分裂的观点愈合了。他不仅提出原型结构对于所有生命有机体的存在和生存而言都是基本的，而且认为它们是连续的，也具有控制无机物行为的结构。原型不仅是心灵的实体，而且是"通往一般物质的桥梁"。原型的这种"类心理的"（psychoid）方面被物理学家沃尔夫冈·泡利（Wolfgang Pauli）②采纳，他相信这对我们理解宇宙据以形成的原理是一个重大的贡献。[6]

既然原型是所有存在的先决条件，那么，它们就可以表现在

---

① 亚大纳修信经是基督教的三大信经之一。它研究的焦点是三位一体学说和基督学，从 6 世纪开始它被用于基督教的教堂中，由 40 条经文组成。

② 沃尔夫冈·泡利（1900—1958），美籍奥地利物理学家，提出"不相容原理"，被称为量子力学的主要支柱之一，1945 年获诺贝尔物理学奖，泡利与荣格在信中关于认识论和共时性的讨论被出版，即《原子与原型》。荣格对于泡利的 400 多个梦的精心分析全部记录在其著作《心理学和炼金术》里。

艺术、科学和宗教的精神成就中，也可以表现在有机物和无机物的组织中。这样，原型就为人们共同理解从所有科学和所有人类活动中获得的资料提供了一种基础——这绝不是因为它隐含的对认识论的意义，也不是因为对研究认识本身的意义。

沃尔夫冈·泡利

三、原型的表现形式

既然诸如此类的原型是不可知的，那么，它们的存在就只能从它们的表现形式中推断出来。心理学家最感兴趣的表现形式，就是在生命循环过程中原型所引起的那些典型的人类属性——在任何地方的人们身上都会出现的类似的思想、意象、神话传说、情感和行为模式，与他们的阶级、宗教信条、种族、地理位置或历史时代无关。

荣格写道："虽然正在变化的生活情境必然会无限多样化地出现在我们的思维方式中，但它们可能的数量绝不会超过某些自然的限制；它们或多或少地陷入典型模式之中。这些典型模式一而再、再而三地重复它们自己。无意识的原型结构相当于事态的平均趋势。

可能在一个人身上发生的改变并不是无限多样的；它们是某些经常发生的事件的变式，其数量是有限的。因此，当某一种令人痛苦的情况出现时，相应的原型就会在无意识中群集起来。由于这种原型是超自然的，即具有某种特殊的能量，它将把意识内容——使之能够感知到的，因而能够在意识中实现的有意识的观念——吸引到它自己身上。"[7]

至于原型概念在多大程度上是必不可少的，这实际上可以从许多其他学科的研究者不断地发现这一假设并以他们自己的一套术语重新予以宣布的方式中推断出来。这类实例的数量如此之多，以至于在这里我只能考察其中的一部分。我将仅限于提供可在人类学、行为生物学、梦心理学、精神病学和心理语言学中发现的原型功能的实例。

四、人类学：普遍的文化特征和原型社会

有这样一条原则，我认为我们应该把它提升到人类学的基本规律的地位上，而且我很欣慰的是，在伟大的人类学家维克多·特纳

(Victor Turner)①去世之前，我使他相信这条规律是有效的。[8]对于这条原则可做如下说明：每当人们发现某种现象具有所有人类社会共有的特点时，不论其文化、种族如何，也不论其处在什么样的历史时代，这种现象都是集体无意识原型的某种表现。

事实上，所有的文化，无论其处于何种地理位置或哪个历史时代，都表现出大量的社会特点，这些特点本身绝对具备某种独特的人类文化的特征。乔治·默多克（George Murdock）②和罗宾·福克斯（Robin Fox）③把这些特点按目录做了分类。按照这些人类学家的观点，在已知的人类文化中，任何一种文化形态都不缺少关于财产方面的法律，都有解决争论的程序，都有管理求婚、婚姻和通奸，以及与乱伦有关的禁忌方面的规则，都有规定问候的形式和称呼方式的礼节方面的规则，都有关于工具和武器的制造、合作劳动、访问、盛宴款待客人、奉送礼物、葬礼仪式的举行、信奉超自然的事物、宗教仪式、神话和传说的讲述，以及舞蹈、心理疾病、信仰治疗、释梦等方面的规定。[9]

所有这些具有普遍性的行为模式都是原型在发挥作用的证据。

---

① 维克多·特纳（1920—1983），英国人类学家，他以对恩登布人（Ndembu）的象征符号和仪式过程的研究著称。

② 乔治·默多克（1897—1985），美国著名的人类学家，以开创人种学研究的实证研究取向及其人口学名著《旧世界》（*Old World*）而著称。

③ 罗宾·福克斯（1934—　　），英裔美籍人类学家，他于1967年在美国新泽西州的罗格斯大学（Rutgers University）创建了人类学系，此后一直在该校任教。他于1972年出版的《动物帝国》（*The Imperial Animal*）提出了关于人类进化的社会食肉动物理论，在学术界产生了很大影响。

关键在于，我们任何一个人在生活中所经验到的东西，并不是单纯地由我们个人的人生阅历决定的。从根本上说，它也受整个人类的集体历史指导。这个集体历史在集体无意识中被转化成生物学密码，而且这个密码起源于遥远的过去，以至于随着时代的演化而被掩蔽在原始雾霭之中。

我们每个人一生下来就具有的原型天赋，指导和控制着我们人类的生命循环——降生和受到母亲的照管、对周围环境的探索、对陌生人表现出警惕性、在同伴群体中玩耍、作为成年的一员而被介绍进社会团体、在社会等级中确立一个地位、在狩猎时和与其他交战部落男子的联合，以及人们之间的求爱、结婚、哺养孩子、参加宗教仪式、承担高度成熟的社会责任及为死亡做准备。荣格有一条格言，对这一切做了总结："归根结底，每一个人的生命同时也是我们人类的永恒生命。"[10]

跨文化研究提供了足够多而又吸引人的证据，这些证据有深刻的内涵。但是，在20世纪的大多数时间里，人类学家对这些文化的普遍特征并没有表现出多少兴趣，却宁愿强调文化之间的差异。他们并没有把这些差异同生物学因素联系起来，而是同儿童哺养的实践活动和地理的、气候的以及经济的特点联系起来。这又是支持环境论和敌视进化论生物学的学术偏见的一个实例。但是，始终有一些值得注意的例外。在荣格在克莱因-许宁根（Klein-Huningen）长大成人以及后来在巴塞尔上大学的那些年月里，一个名叫阿道夫·巴斯蒂恩（Adolf Bastian）①的德国人类文化学家在世界各地游历，研究各民族的神话、民间传说和风俗习惯。给巴斯蒂恩留下深刻印象的是，无论他走到哪里，他所遇到的主题之间都有很多相似之处，他称之为基本观念（Elementargedanken），这些观念始终不变地以当地的形式表现出来，这是他恰好在当时正在研究的那些民

阿道夫·巴斯蒂恩

族群体所特有的表现形式，他称之为少数民族的观念。[11]

巴斯蒂恩的发现与荣格的发现是一致的。荣格认为，原型是一个基本的主题，不同民族和不同文化就是据此设计出它们自己的个别变式的。大多数时候，我们虽然没有意识到这些基本主题的存在，但却对此沾沾自喜，认为我们个人表达出来的东西完全是由我们自己所为的。

法国结构主义人类学家克劳德·列维-施特劳斯（Claude Lévi-Strauss）也花费了毕生精力研究普遍的文化特征和其中所隐含的无意识过程。他写道："如果像我们所相信的那样，心灵的无意识活

_____

　　① 阿道夫·巴斯蒂恩（1826—1905），被誉为 19 世纪德国的通才，对民族学和人类学贡献很大，影响了美国人类学家法兰兹·鲍亚士。他反对环境决定论，主张人类心智一致性。他对当时的心理学发展亦有所贡献。

动在于把形式强加到内容之上，如果对所有的心灵来说，这些形式——古代的或现代的，原始的或文明的社会形式——都是基本相同的，那么，我们就能获得一个对所有的风俗和习惯都有效的解释原则。"列维-施特劳斯和他所属的人类学学派最终所关注的是"集体现象的无意识本质"。在这些集体现象之中并且为这些现象负责的，就是列维-施特劳斯所谓无意识的基础结构。这些概念和荣格的原型有如此明显的联系，因而无须再做进一步的评论。但奇怪的是，列维-施特劳斯却总是假装无视荣格的理论。正如尤金·达基利（Eugene D'Aquili）和保罗·库格勒（Paul Kugler）所指出的那样，当这样做时他完全歪曲了荣格的观点。[12]

例如，列维-施特劳斯指责荣格的下述观点在生物学上是天真无知的，即荣格认为原型与心理内容是一致的，但和其中所隐含的无意识形式不一致。事实上，荣格的观点和列维-施特劳斯指责他的观点恰恰相反。正如荣格早在 1935 年就写明的："有必要再次指出，原型并不是由它们的内容来决定的，而是由它们的形式来决定的，而且决定的程度非常有限。只有当某种原始意象成为有意识的并且因而可以用意识经验的材料填补时，这种原始意象才是由它的内容决定的……原型本身是空洞的和纯粹形式的，它除了是一种事先形式化的潜能（facultas praeformandi）之外，别的什么也不是。"[13]

正如库格勒富有说服力的评论所述："和列维-施特劳斯的结构主义人类学相比，荣格对于无意识中的形式关系的描述要早了将近 15 年！"法国的结构主义和荣格的心理学都认为，"无意识的基本功能是把形式(基础结构、象征功能或原型)强加到内容上,特别是强加到神话、梦、社会风俗、心理病理学和语言上"。[14]

在美国的人类学家中,实际上,进化论取向的唯一提倡者是罗格斯大学(Rutgers University)的罗宾·福克斯和莱昂内尔·泰格(Lionel Tiger)①。他们蔑视在 20 世纪大多数时间里困扰着人类学的文化相对论。福克斯询问道:"若没有常量,我们怎么能够研究变量?人类学家不是一次又一次地在一个又一个的社会中碰到过在各种各样的象征的伪装之下进行的类似的过程吗?"福克斯的态度非常接近巴斯蒂恩的态度,他论证说:"人一旦识破表面的表现形式,人类社会安排的一致性也就显而易见了。"和荣格一样,福克斯认为人类并不是一块白板,而是"一束潜能"。他继续说道:"这些潜能或先天倾向或偏见,就是人类所独有的自然选择过程的最终产物。"进而,"人之所以拥有他所拥有的各种文化和社会,是因为他就是他所属的那一类人"。[15]

福克斯的声明像不证自明的公理一样令我吃惊,但这些声明除了使他受到其同伴的辱骂之外,并没有给他带来别的什么。不管怎么说,他和荣格一生的遭遇差不多。福克斯继续艰难地遨游着,与学术浪潮进行着搏斗。人们对他越来越感兴趣,因为他是一个敢于搏击风浪的人。毕竟只有死鱼才会经常随波逐流。

---

① 莱昂内尔·泰格(1937—),加拿大裔美籍人类学家,美国新泽西州罗格斯大学人类学教授,著有《男人的衰落》(*The Decline of Males*)一书。

在即将书写 20 世纪的理智史之际，我相信人们将会发现，社会科学家和行为科学家未能实现他们最初的诺言。几乎可以肯定地说，这是因为他们力求在政治意识形态而不是进化论生物学基础上建立一座理论大厦。在我看来，这是一种令人忍俊不禁的嘲讽，即荣格心理学宣称它能够建立一种科学的基础，这种基础比经常嘲笑它的社会科学更加健康，因为荣格的心理学是建立在一种主要是生物学的假设，即集体无意识基础上的。这些组成集体无意识的原型是一些生物学的实体，它们是通过自然选择进化而成的。这是一个最具有重要性的事实，因为在原型中我们有一种理论倾向，这种倾向不仅能使心理学发生革命，而且也能使精神病学和人类学发生革命。

　　在我看来，我们必须要做的事情似乎就是把荣格的研究扩展到这样的地步，就是说，使我们能够比较肯定地说明，我们的原型潜能可能有哪些基本参数（fundamental parameters），或者说，要想使最理想的个人发展得以实现（或者像荣格所说，使个性化得以进行），这种潜能需要什么样的环境条件和社会条件。整理来自其他学科的证据是促使这一目标实现的一种必不可少的手段。另一个引起人们兴趣的嘲讽是，对荣格的原型假设的最强有力的科学支持来自一个最令人吃惊的方面：行为生物学——或者人们所逐渐熟知的习性学。我们现在必须转向这一证据。

五、行为生物学

1951 年，习性学家尼可拉斯·廷伯根（Nikolaas Tinbergen）出版了一本书，书名叫《本能的研究》（*The Study of Instinct*），我毫不犹豫地把它描述为 20 世纪最重要的书之一。他在这本书中指出，每一个动物物种都有一套完整的行为技能。物种的中枢神经系统的结构是经过进化而逐渐形成的，而这套完整的行为技能就依赖于这些结构。廷伯根把这些结构称为先天释放机制（IRM）。当它在环境中遇到某种适宜的刺激——信号刺激——时，每一种 IRM 便事先做好准备，变得活跃起来。当这种刺激出现时，先天的机制得以释放出来，动物便以某种行为特征模式做出反应，这种行为模式是通过进化而适合于这种情境的。[16]

《本能的研究》

早在 20 世纪 60 年代，当我正忙于撰写我的博士论文时，有一天晚上我突然产生了一种想法，当我们适当地考虑到我们人类具有更好的适应方面的灵活性时，廷伯根的观点就非常接近于荣格关于原型的本质及其激活方式的观点。一只母野鸭见到一只公野鸭时就发起情来(公野鸭绿色的脑袋是刺激母野鸭中枢神经系统的信号,这种为其行为特征模式负责的先天机制便与母鸭的求偶行为联系起来)。当一只母羊用舌头舔刚出生的小羊羔时,表示的是它对羊羔的爱恋。在人类当中,刚分娩的母亲以同样的方式感受到新生儿的无助和对营养的需要,在生孩子之后的几小时和几天里,她完全处在爱、依恋和责任的情感之中。所有这些反应模式都是由天性决定的。正如荣格本人所坚决主张的,原型"并不意味着要奉献某种遗传的观点,而是要奉献某种遗传的功能方式,与先天的方式相对应,小鸡从蛋中孵化出来,鸟构筑其巢穴,某种黄蜂专螫毛虫的运动神经节,美洲鳗能找到它们游到百慕大去的路。换句话说,它是一种'行为模式'。原型的这个方面,即纯粹生物学的方面,正是科学心理学所要予以恰当关注的"。[17]

廷伯根最初的观点已经被社会生物学家查尔斯·拉姆斯登(Charles Lumsden)和爱德华·威尔逊(Edward Wilson)极大地扩展了。他们论证说,所有的行为,包括人类的和非人类的行为,都依赖于他们所谓控制个人的心理社会发展的渐成规则。这种观点本身就是对生物学家 C. H. 沃丁顿(C. H. Waddington)的早期主张的一种扩展。沃丁顿认为,一切生命有机体的发展都是由后来的渐成通路决定的。沃丁顿甚至直接肯定了"原型观点"与生物学的关系,"原型的观点是……这样一种观点,就是说,有机形式所能假定的只有一定数量的基本模式"。[18]

所有这些概念——先天释放机制、行为模式、渐成规则和渐成通路——显然都和荣格的原型假设是一致的，这些假设荣格早在几十年前就提出来了，但实际上却受到了人们的普遍嘲讽。这样，被习性学家和社会生物学家所收集到的大量观察材料便向我们提供了一种无可估价的资源，我们可以据此来增强原型的假设和消除我们由于无知而造成的局限性。通过仔细地梳理所有这些材料，我们就能获得证据来说明对以各种形式普遍存在于所有的哺乳动物和原始物种中的主要行为模式负责的原型是怎样实际进化而成的。因为在人类进化的过程中，我们就是从哺乳动物或原始人进化而来的。确实，正如神经科学家保罗·麦克莱恩（Paul MacLean）①所证实

保罗·麦克莱恩

的，人类的大脑把至今仍在起作用的、相当早期的哺乳动物，甚至爬行动物的大脑都结合进来了。[19]可以非常形象地说，一位走进咨询室的病人随身带着一大群人。麦克莱恩所表明的是，病人还带进来一匹马和一条鲜鱼！

————————

① 保罗·麦克莱恩(1913—2007)，美国著名医生、神经科学家。他在生理学、神经病学和脑研究领域贡献卓著。

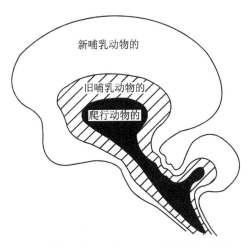

新哺乳动物的

旧哺乳动物的

爬行动物的

三位一体的大脑，经保罗·麦克莱恩允许后使用

因此，习性学使我们不仅能够从我们人类这个物种，而且从比我们古老得多的脊椎动物的过去，来承认我们拥有这个古代的遗产。为原型确立这样一种神圣的血统，就是把它置于一种无可辩驳的科学基础之上。

现在我想要看一看让我们洞察到原型发挥作用的另一个根源，即梦的研究。

六、梦心理学

弗洛伊德曾相信，梦是由来自两个根源的记忆痕迹编织而成的：前一天和童年时期发生的事件。荣格接受了这种观点，但他把它更推进了一步，认为梦利用了第三种更深刻得多的根源，即属于我们人类进化史的根源。荣格富有创造性的发现令人震惊。实际上，正是我们的梦才使我们能够接近这个古老的经验基础——我们在梦中参与了我们的种系发生过程。或者换一种说法，我们在梦中和各种不同的物种谈话，而物种则给予回答。

当荣格提出这种观点的时候，人们认为这简直就是奇怪的幻想，但现在这种观点却被证明是比较能接受的了。所有的哺乳动物都做梦，以及人类的所有胎儿也把相当多的时间花费在做梦上，这些发现不可避免地引起了人们的推测：他们究竟能梦见些什么呢？自从尤金·阿塞林斯基（Eugene Aserinsky）和纳撒内尔·克莱特曼（Nathaniel Kleitman）发表了他们那革命性的发现，即做梦确实与REM（快速眼动）[①]睡眠有关，许多重要的线索已在睡眠实验室中发现。尤其是一位名叫米歇尔·朱卫（Michel Jurvet）[②]的法国研究者为此做出两大卓越贡献：(1)梦产生于在生物学上非常古老的脑部位突然迸发的活动；(2)当负责禁止动作的脑中枢（正常情况下这些中枢在睡眠期间才发挥作用，实际上使我们的身体不能发出动作）

---

　　① 快速眼动(Rapid Eye Movement，REM)是睡眠的一个阶段，又称快速眼动睡眠，眼球在此阶段会快速转动，梦在此阶段发生。做梦与 REM 睡眠的联系在 1953 年由尤金·阿塞林斯基与纳撒内尔·克莱特曼发现。

　　② 米歇尔·朱卫(1925—2017)，法国研究睡眠和梦的知名专家，1977 年入选法国科学院院士，目前是法国里昂大学实验医学专业的荣誉教授。

受到损害或不能发挥作用时，动物和人都会起来并且用动作表现出他们的梦。例如，在这些脑中枢用手术切除后，做梦的猫就会在它们的梦中蹑手蹑脚地走近幻觉中的猎物，"扑向"它，"杀死"它，并开始"吃掉"它。[20]

在朱卫于20世纪70年代发表他的研究结果之前，生物学家已经一致同意，梦是我们的生物遗产的一个主要方面。他们宣称梦是古老的适应手段，是从一亿四千万年前进化而来的。快速眼动睡眠在如此众多的物种中以及在数亿年的时间里依然存在。按照进化论的全部标准，这表明，在所有的哺乳动物中梦表现出的是一种生存的功能。为了说明这一点，人们认为，梦是一种手段，动物就是用这种手段根据过去形成和得到过检验的策略来重新评价当前经验，从而使其生存策略现代化的。这项重大研究是在动物睡眠期间做的，因为只有在这时，大脑才会不受外部偏见的支配，就像银行职员在锁上门不再接待客户并且把窗帘放下之后进行最后的结账一样。

朱卫把这个观点更推进了一步。他提出这种假设：在做梦的睡眠中一个动物不仅根据它自己以前的经验而且根据其物种的经验而使其生存策略转换成为现代策略。换句话说，做梦是一种手段，人类的全部行为技能就是用这种手段而和个体最近的经验相整合，从而使它能够满足第二天的要求和应付紧急事件。朱卫的假设引人入胜之处就在于，它给荣格学派的理论穿上了生物学的外衣。它和荣格的观点完全类似。朱卫和荣格都认为，梦是通过动员来自集体无意识的原型成分来补偿意识自我的片面态度。

因此，有许多很好的科学理由来假设，在某种意义上说，梦是我们追溯人类的原始偏见的活化石。它把旧石器时代同现在联系了起来。它是生物历史的化身。当我们感知到它时，它就会重新唤起隐含在现象世界中的永恒实在。

总之，我们确实可以说，和弗洛伊德的理论相比，荣格的理论得到了其时代更多的好评。因此，现在我们可以公平地得出结论，梦并非如弗洛伊德所说的是睡眠的卫士；它显然并不是被压抑的性欲望的伪装的表现；而且它并非主要是对外部刺激做出的反应。相反，正如荣格和朱卫各自提出的，它是中枢神经系统自发活动的结果，是包含在重大的生活事件中的一些模式的超个人的表达方式，就是说，它是原型的表现。

因此，这些原型的表现会引起普遍性的象征，原型的表现根源于此，这并不令人惊奇。并不是因为弗洛伊德否认有普遍的象征出现。他曾经承认某种象征是普遍存在的，不仅在不同的文明社会中存在，而且在不同的时代也存在。

所以，当弗洛伊德和荣格争吵时，他们之间的分歧并不在于这些普遍的象征能否在梦中出现，而在于这些普遍的象征代表的是什么。弗洛伊德把它们还原为基本的性本能的形式，这使荣格非常吃惊，他认为这完全是人为的而且简直太武断了。但他当时还没有足够的资料，可以提出一个令人信服的案例来说明他的原型假设。从那时起，大量的梦被收集起来，这些梦是从世界上大多数地区的不同文化的成员中收集的。这些材料的大量收集表明了荣格观点的正确性，梦的象征是和人类存在的所有基本模式相联系的。和弗洛伊德只关注性本能的观点相比，它们具有更深刻的意义。在考察其中的某些证据之前，我想先考虑一下原型理论对当代精神病学的意义。

七、原型精神病学

在亚里士多德著名的《伦理学》（*Ethics*）①的第一卷中，他提出了三种生活水平：（1）享乐的生活，受快乐所支配；（2）政治生活，旨在获得荣誉和实施权力；（3）冥思的生活，致力于获得智慧和真理。其中前两种是外倾的，类似于弗洛伊德和阿德勒心理学中占支配地位的那些先入之见，而第三种则是内倾的，与荣格的倾向相一致。就这三种人类活动而言，其中似乎存在着某些具有基本重要性的东西，而且亚里士多德并不是唯一的一位预见到在 20 世纪的分析师中会有这三位伟大的思想家。例如，早在 100 多年以前，塞缪尔·巴特勒（Samuel Batler）就曾观察发现，一个人最重要的占有物是他的宗教、他的钱财和他的私处——这显然又比荣格、阿德勒和弗洛伊德的早。

正如荣格所设想的，他的原型假设是作为一种基本上内倾的概

---

① 这里指的是亚里士多德的《尼各马可伦理学》。

念而出现的：我们已经注意到，其外倾的含义已经被人类学家和行为生物学家(习性学家)探讨过了。另外，某些至关重要的研究是由为数不多的一些具有习性学倾向的精神病学家沿着这个方向进行的——我将把他们简称为习性精神病学家。这一挑选出来的群体中最有才华的成员包括美国的布兰特·温尼格拉特(Brant Wenegrat)和拉塞尔·加德纳(Russel Gadner)，以及英国的保罗·吉尔伯特(Paul Gilbert)和约翰·普赖斯(John Price)。他们每个人都发现了并且宣布存在着与荣格的原型难以区分的神经心理结构，以他们自己的专门术语为其贴上标签，以这种方式使它们听起来更科学和更符合现代性。例如，温尼格拉特借用了社会生物学的术语"基因遗传的反应策略"(genetically transmitted response strategies)。这些策略可为某些重大的、物种所特有的行为模式负责，这些行为模式的形成是为了最大限度地使有机体适合于在它所进化的环境中生存——生物学家称之为在进化方面适应的环境。这些策略在遗传上是由该物种的所有成员所共享的，无论这些成员是健康的还是有疾病的。在环境对人体产生危害或在某些关键的发展阶段有缺陷而导致这些策略不能发挥作用时，心理病理学才开始发挥调停作用——我把这一过程称为"原型意图受挫"。[21]

同样，英国的保罗·吉尔伯特把原型称为"心理生物学的反应模式"(psychobiological response patterns)，美国的拉塞尔·加德纳称之为"有深刻同源的神经结构"(deeply homologous neural structures)。所有这些人都认为，这些原型成分依赖于作为人类潜能输送机的基因，它们向个体提供人类所特有的主要动力和目标。这些遗传因素做出健康的或不健康的表现，旨在对社会与自然环境中的各种变异做出反应，根据可能出现的情况做出促进健康或致病的反应。

这一研究的重要性在于，它不仅把原型理论扩展到精神病学，而且在于下述历史事实：它代表了人们第一次系统地尝试承认精神病学中的种系发生因素，使心理病理学置身于一种健康的进化论基础上。

虽然有些习性精神病学家承认他们与荣格的联系，但大多数人却强调他们具有外倾性的生物社会学倾向，他们坚持认为社会目标是心理病理学的关键目标。在他们看来，几乎所有的心理苦恼都是由自我在与他人的关系中所体验到的困难引起的。我们将回过头来进一步考虑这种论点，但此时我想先考虑一下这种原型假设对研究语言和言语所具有的内在含义。

八、原型语言学

你曾经停下脚步考虑过，世界各地的所有儿童——在一个非同寻常的早期年龄——开始讲他们周围的人在其环境中讲述的那种语言、方言或土话时表现出来的奇迹般的轻松吗？行为主义者把这种语言表述简单地归结为学习，是受强化所致。例如，儿童讲话被人理解时就会受到奖励，不能开口索要你想要的东西时就会受到惩罚。但是，你不必对此多加思考就能认识到，除了学习之外还有更多的因素。例如，在世界各地的18～28个月的儿童，都会表现出令人惊异的突然迸发出来的语言进步，对此应该怎样解释呢？为什么使语言学功能得以发展的过程在所有文化的所有儿童中都是类似的？为什么在巴黎的杜伊勒里公园(Tuillerie Garden)里你的座位旁玩耍的那些蹒跚学步的孩子具有掌握法语词汇、成语和语词曲折变化的卓越能力，而你在课堂里和语言实验室里经过几年的学习之后，却连开口购买一张邮票都有困难呢？

语言学方面的专家做出的回答是，儿童天生就有一个完全配备着言语能力的大脑——诺姆·乔姆斯基(Noam Chomsky)①称之为语言获得装置，为他们形成使用字词和造句的习惯做好准备。换句话说，言语的获得在原型上被确定为发展蓝图的一部分，这种发展蓝图已在儿童的集体无意识中进行了遗传编码。

诺姆·乔姆斯基

---

① 诺姆·乔姆斯基(1928—)，美国著名的语言学家、哲学家、认知科学家、历史学家和社会活动家。现任美国麻省理工学院语言学和哲学系教授。他被称为"现代语言学之父"，是现代西方分析哲学的主要代表人物。他的著作对计算机科学、数学、心理学和语言学都有重大影响。

虽然语法不同，但它们的基本形式——乔姆斯基称之为它们的深层结构（但另一种称谓就是原型）——是普遍通用的。就是说，在最深层的神经心理水平上存在着一个所有单个的语法全都建立在此基础上的普遍通用的语法。[22]

这使我们发现了原型理论中所固有的悖论：它把普遍性与特殊性结合在一起了。在这一点上，原型类似于柏拉图的理念（Plato's ideas）。在柏拉图看来，理念是存在于客观的现象世界之上和之外的心理形式。它们是集体的，在这个意义上说，它们体现了各个群体中的人的一般特点，而不是某一群体或个人的某些独到特点。例如，你的狗具有它和所有的狗共有的属性，这使我们能够把它划归到狗这个类别。除此之外，它还有自己的特征，这使你能从几十只参加狗展览会的其他四足动物中分辨出你的狗来。因此，它是带有原型的：原型是所有人共有的，但我们全都是以自己独特的方式体验到这些原型的。

因此，应该做一个合理的区分，就像在法语语言学中所做的那样，在"langue"（语言）和"parole"（言语）之间做出区分。要点在于，语言就像众所周知的河流一样：我们可以自由地来回游弋，但它却永远奔流不息。语言是一种稳定的、集体的、社会的风俗习惯；但每一个讲语言的人却使它带上了一种个人特有的言语风格；而且每一位作家使用这种语言时都带有某种个人风格。这就是风格的含义。

因此，语言的获得依赖于获得这种语言的原型的先天倾向，依赖于想要在环境中获得的某种语言的存在。用目前流行的专门术语来说，如果这种语言获得装置是一台计算机，那么，文化就提供了使计算机对此进行程序加工的语言学资料。

深入语言学中进行这种探险游览的目的，是使梦中出现的东西清楚明白地显示出来，因为梦有其自己的语言，这种语言使我们能和不同的物种进行对话，也能使这些物种给我们回话。和讲述出来的语言一样，梦的语言的象征就是经验的原型同化的产物。我们可以对此做如下表述：

$$原型 + 经验 \rightarrow 象征$$

这样一来，每一种象征便成为把个体与集体、个别与普遍结合在一起的一种凝缩（condensation，弗洛伊德用语）①。每一种象征的相对贡献不同于象征对象征的贡献：有些象征和意识自我有如此多的关联（ego-referential），以致它很难承认任何其他原型的贡献；有些象征则如此原型化，致使人们无法对它们做出任何"自由"联想。

南希·伯森（Nancy Burson）的那幅名为"雄性激素"的画力证了我试图提出的观点。这幅画由 12 张照片组成，有 6 个男人和 6 个女人。对这幅画我们总觉得其中有某种使人难以忘怀的东西，仿佛这

---

① 凝缩是弗洛伊德"梦的工作"的四种方式之一，指显梦为了逃脱意识对性本能欲望的监督，把隐梦的内容进行压缩和精简，排除了隐梦中许多有相互联系的内容，形成比较概括的梦的片段，或者是从多种愿望中挑选出某个部分重新组合成一个新的内容。例如，一个人梦见一个集各种权威于一身的男子，头发像他的父亲，面部像一位可怕的教师，穿着却像他的上司。在弗洛伊德看来，这就是梦者对杀父情结的凝缩。他在梦中把他所仇恨和恐惧的对象结合成一个人，从而使意识无法对这种情结进行识别。

可能是我们认识的但又无法确定的某个人。它是由 12 种变异组成的一套图画，把人的面部的原型主题全都完全凝缩到一张图画上。这就是每天晚上都要在我们的梦中出现的原型以及由此引发的许多可能的回忆之间的那种凝缩作用。[23]

梦是一些格外丰富的沟通和交流：它涉及情感、直觉、感觉和思维。而且梦还表明，各种形式复杂的统觉（apperception）①也可以在意象中得到交流，就像它能在语词中得到交流一样。确实，意象肯定比语词更优先发生，因为任何一段时间的心理面询活动都可以证明，梦的意象所反映出来的内容总是比做梦者以前所理解的要多，也比他曾经尝试用言语表达出来的东西多。这就是为什么梦的分析在经典的荣格学派的心理治疗中占有核心地位的缘故。

威廉·冯特(1832—1920)

实验室的梦研究者坚持认为，我们只能对我们已经知道的东西产生意

---

① 统觉一词最早是德国哲学家莱布尼茨在 17 世纪首先使用的，意思是对感知自身内在状态的一种意识或反思，康德和赫尔巴特也对此做了阐发。德国心理学家冯特创立了实验心理学，把心理学从其哲学母体中分离出来。他对统觉做了大量实验研究，认为统觉是主观自生的内部创造力，是一种创造性综合，可以把印象提高到注意的焦点，把心理元素进行新的组合，使之成为新的心理复合体，即心理加工的产物。当代心理学已很少使用这个概念。心理学界一般把统觉视为由当前事物引起心理活动与过去知识经验的联系，通过这种联系而增强意识的清晰度。

象，但是，分析治疗的实践却对他们的这些声明提出了质疑。有大量的科学发现和文学创作的实例，都起源于梦的视觉意象：凯库勒（Kekule）关于苯环的发现，豪（Howe）关于缝纫机的发明，罗伯特·路易斯·史蒂文森（Robert Louis Stevenson）关于《杰凯尔医生和海德先生的怪案》（*The Strange Case of Dr. Jekyll and Mr. Hyde*）的乐曲，这些都是一些最有名的实例。梦的那种起转换作用的力量就是那个内部魔术师，即想象力所起的作用。我们的发明创造能力决不会比在意象的创造中更敏锐。意象就是发挥作用的想象力，而且它是带着兴高采烈的孩子般的快乐和独创性而发挥作用的。意象能够暗示到的事情可能是自我（ego）从未想过的。因此，凯库勒忠告说："学会做梦吧。"

我们现在能够发现，弗洛伊德把无意识的语言理解为基本上是人类发展早期的和婴儿期的，这是多么地不恰当。与此相反，在荣格看来，它是人的本性自身（nature herself）的语言。与荣格的洞见相一致，保罗·库格勒在他的那本动人心魄的《话语炼金术》（*The Alchemy of Discourse*）中寻求建立一门原型语言学的新学科——他把这门学科定义为"一种关于诗人的想象力的语言学"。他在说明他的宣言时声称，"原型语言学是灵魂的言语"。[24]

梦的语言可能就像乔治·奥韦尔（George Orwell）所提出的那样是本性在讲话，因为本性是在梦和神话中直接对我们讲话的。在我们的梦里，我们进入了我们的那种本性的世界：它是原型的世界，而这个原型的世界又是做梦者的自然本性的世界。在梦里我们进入了我们的祖先在旧石器时代的洞穴，而且上帝保佑他们，又把他们带到了现代社会。

我们的祖先是怎样理解当今世界的呢？我猜想，他们一定会相当喜欢其中的很多东西——可以随时得到的食品、饮料、舒适的生活、娱乐和性满足。但是他们却失去了与亲属的密切联系，小社区生活的亲密无间，在狩猎、采摘和防御方面共同分担的责任，在劳动中与自然的相互作用，礼节和仪式，关于英雄、神祇和女神的神话和传说，以及生活在一个生气勃勃的世界中那种不可思议的感觉。有时候他们的世界和我们的世界之间的不同，简直就是他们无法忍受的，于是他们就会在精神上垮下来，就会生病。我们在后文还将阐述这一主题。

九、进入史前期

荣格在 20 世纪 20 年代所做的人类学研究，对阿尔及利亚和突尼斯、肯尼亚和乌干达以及对新墨西哥州的普韦布洛印第安人（Pueblo Indians）的访问，其意义远非理智的游历可比。这些研究是他想要达到无意识自我实现需要的一部分，它们使他和他所谓两百万岁的内心世界建立了联系。在谈到他对北部非洲的访问时，他写道："就像童年时代的记忆可能会突然以如此生动的情绪占据意识，以致我们觉得已经完全穿越，回到了原始的情境之中。那些表面看来不相容的和完全不同的阿拉伯世界的周围环境也会唤醒一种原型的记忆，这是我们对非常熟悉的史前过去的原型记忆，对此我们显然已经完全忘记了。我们现在记住的是已经被文明社会畸形发展了的生活潜能，但这种潜能在某些地方却仍然存在。"[25]遗憾的是，自荣格访问它们以来，许多仍然存在这些潜能生活的地方已经缩小到非常严重的程度，以致保留下来的只有少数弥足珍贵的地方了。

1914—1918 年，荣格与其无意识进行抗争，在此期间进入原型领域之后，在 20 世纪 20 年代寻求从外部印证他的内部研究倾向，客观清楚地显示史前时期层层累积起来的集体经验和潜能。"在我的无意识之中，我想要发现我的人格的那一部分，但它却在我是一个欧洲人这种影响和压力下已变得不可见了"。[26]

除了这些古老的人类生活模式提供了一些有价值的深刻洞见之外，这些游历活动还给他提供了一种立场，使他能够站在这个立场上对西方文明采取一种比较客观的看法。这种立场进一步证实了他的这种印象，即欧洲人已经变得与他们自己的人性疏远了。因为他们的理性主义取胜是以牺牲其生命力为代价的，因此，欧洲人的那种比较原始的本性便被"宣判为是一种或多或少有点隐秘的存在"。荣格的游历使他深刻地觉察到，他和他所遇见的人们之间有一种血亲关系（consanguinity）①。他开始相信，欧洲人之所以鄙视原始民族，目的是进行自我防御，不愿意承认相比之下他们在精神上是多么贫乏，多么缺乏动物的生命活力。他写道："知识并没有使我们富裕起来，它使我们因为出生而越来越远离神话的世界，在这个神话世界里我们曾经像在家里一样舒适自在。"[27]

尤其是在到达肯尼亚时，荣格被一种强烈的似曾相识之感（déjà vu——一种似曾见过的记忆幻觉）征服了。当时他正从蒙巴萨到内罗毕去旅游，他看到一个原始部落的男子迎着清晨的太阳站在海角的一块大石头上。

当第一束阳光宣告新的一天开始时，我醒了过来。火车在一片朦胧的红色灰尘的笼罩之中，正在一个陡峭的红色峭壁处拐弯。在我们头顶上一块凹凸不平的石头上有一个瘦长身材、棕黑色皮肤的人一动不动地站在那里，斜靠在一柄很长的鱼叉上，向下凝视着火车，在他旁边耸立着一棵巨大的、分叉的仙人掌。

我被这一景象陶醉了——这是一幅和我的经验完全不相关的事物的图像，但另一方面也有一种最强烈的似曾相识的情感（sentiment du déjà vu）。我产生了这种感受，即我早已有过这

---

① 这里的血亲关系实际上指的是以人类共同具有的祖先为特征的原型意义上的关系。

一时刻的体验，而且早已熟悉这一世界，只是由于时间相隔遥远而把它和我分开了。在这一刻我仿佛又回到了我的青年时代，我仿佛认识那个已经等待了我五千年的黑皮肤的男子。

这种奇异经验的情感伴随着我，使我完成了整个原始非洲的旅程。

荣格得出结论："我无法猜测，当我看到那个孤独的黑皮肤猎手时牵动了我内心深处的哪一条线索。我只知道，早在难以数计的数千年前，他的世界就是我的世界了。"[28]

他到内罗毕北部去旅游，到达埃尔贡山区的坡地，在埃尔贡尼族人那里逗留了一段时间。在那里，他产生了非常愉快的情感体验。"我们的野营生活证明，这是我生活中最可爱的插曲之一。我非常享受这种仍然具有原始乡村特色的'神圣和平'……我那获得了解放的精神力量极其快乐地倾泻而出，回到了原始的浩瀚苍天之中。"[29]

他回到了家里，这是他的世界。当分别的时刻到来时，他几乎无法忍痛离去，发誓只要一有机会就会回来。当他十年后终于回来时，结果却发现，这个以前曾是原始状态的伊甸园变成了一座金矿。充满着美妙、激情和精神的永恒世界再也不是那么容易接近了。[30]这就是我们这个世纪在世界各地造成的千疮百孔和容貌尽毁的创伤。

荣格永远也不会忘记，他和一个埃尔贡族的土著医生的一次谈话。这个土著医生告诉他，埃尔贡族人曾一直都非常注意他们的梦，这些梦指导着他们对其生活中的所有重大事情做出决定。但是现在，这位老人悲哀地补充说，他的人民再也不需要梦了，因为统治这个地区的英国人（记住，这是20世纪20年代）知道所有的一切，因此，梦不再是必要的了。

荣格发现，无论他到哪里旅行，各民族的文化模式都是类似的。例如，在美国他被一些生活方式强烈地吸引住了。美国大学兄弟会的入会仪式与美国印第安部落的仪式简直如出一辙；现代美国人极其严肃地对待他们的体育活动，这体现了美国土著人的英雄理想；像三K党和哥伦比亚骑士团这类秘密社团的一些仪式，与美国印第安人神秘宗教的实践活动非常相似。荣格相信，移民到美国去的人受本地人的传统影响的程度要比他们所认识到的深刻得多。不仅基督教科学派（Christian Science）①在其信仰和治疗方式上模仿美国印第安人的萨满教（Shamanism）②治病，而且芝加哥和纽约的高大建筑物的空中轮廓，"中间盖成塔状的房屋"，就像美国西南部普韦布洛印第安人村庄里的房屋那样。荣格评论说："这并不是有意识的模仿，美国人无意识地把这种幽灵般的轮廓填补完整了，这个

---

① 基督教科学派是基督教的一个分支，该教派相信祈祷可以起到治疗疾病的作用。

② 萨满教一词源自西伯利亚满洲-通古斯族语的"saman"，经由俄语而成英语之"shaman"，指从事萨满技术的萨满师，"Shamanism"是由研究萨满教的学者所起。在通古斯族语的"saman"一字中，"sa"的意思是指知道，认识（to know），"Shaman"按文字表面意义来说就是"知者"（he who knows），所以称知者，意谓萨满教是一种获得知识的方式。

轮廓本来是那种红皮肤的人（指印第安人）的心灵和气质所特有的。"[31]

荣格的远征考察就是一些象征的旅行，也是原野的游历。还可以说，这是向地下世界的又一次下降，以寻找难以获得的宝藏。对荣格来说，正如他的所有作品非常清楚地表明的那样，无意识不仅仅是学术界闭关自守地进行研究的一个概念，而且它还是一个有无限权威和压倒一切能量的精灵。它是人们必须正视、认真对付和加以控制的东西。因此，他把个性化过程称为使自然本性发生转变的过程（opus contra naturam）。无意识就是自然本性，但是，如果我们想要意识到它们，就必须正视它的内容。

荣格本人对无意识的正视使他能够和两个原型人物面对面地相会：阿妮玛（莎乐美）和智慧老人（菲利蒙）。虽然他后来花费了很多时间研究神话、宗教和炼金术文献中的人物，但就他的主要特点而言，他对这些人物的认识主要是从直接的个人经验——神秘的直觉（gnosis）中获得的。其余的则是间接地获得的。对荣格而言，真正的知识在过去是，而且也必须是具有启示性的。

所以，正如荣格已经认识到的，我们可以通过研究有关原型的所有不同的知识来源，从而增进我们对原型的理智理解。但是，如果我们想体验其富有生命力的能量，那么，我们就不得不冒风险，因为我们很容易受到我们内心深处那些原始遗存的影响。

第一章注释：

［1］C. G. Jung，*Memories，Dreams，Reflections.* p. 297.

［2］同上书，第 53 页。

［3］C. G. Jung，*The Collected Works*，Vol. 5，第 259 自然段；Vol. 8，第 339 自然段。

［4］John Locke，*Essay Concerning Human Understanding*，第二册。

［5］W. H. Auden，*A Certain World*，p. 33.

［6］C. G. Jung，*The Collected Works*，Vol. 8，第 420 自然段；C. G. Jung and W. Pauli，*The Interpretation and Nature of the Psyche.*

［7］C. G. Jung，*The Collected Works*，Vol. 8，第 450 自然段。

［8］Victor Turner，"Body，Brain and Culture,"载 *Zygon* 18（Sept. 1983）：221-245.

［9］George P. Murdock，"The Common Denominator of Culture,"载 *The Science of Man in the World Culture*，R. Linton；Robin Fox，*Encounter with Anthropology.*

［10］C. G. Jung，*The Collected Works*，Vol. 2，第 146 自然段。

［11］Klaus-Peter Koepping，*Adolf Bastian and the Psychic Unity of Mankind.*

［12］Claude Levi-Strauss，*Structural Anthropology*，pp. 18，22；Eugene d'Aquili，"The Influence of Jung on the Works of Levi-Strauss," *Journal of the History of Behavioral Science* Ⅱ（1975）；Paul Kugler，*The Alchemy of Discourse：An Archetypal Approach to Language.*

[13] Claude Levi-Strauss, *The Savage Mind*, p. 65；C. G. Jung, *The Collected Works*, Vol. 9（上部），第 155 自然段。

[14] Kugler, *The Alchemy of Discourse*, p. 46.

[15] Fox, *The Search for Society*, pp. 19, 20, 34.

[16] Niko Tinbergen, *The Study of Instinct*.

[17] C. G. Jung, *The Collected Works*, Vol. 18, 第 1228 自然段。

[18] Charles J. Lumsden and Edward O. Wilson, *Promethean Fire：Reflections on the Origins of Mind*；C. H. Waddington, *The Strategy of the Genes：A Discussion of Some Aspects of Theoretical Biology*, p. 79.

[19] Paul D. MacLean, *The Triune Concept of the Brain and Behavior*.

[20] Eugene Aserinsky and Nathaniel Kleitman, "Regularly Occurring Periods of Eye Motility and Concurrent Phenomena during Sleep," 载 *Science* 118（1953）：273-274；Michel Jouvet "The Function of Dreaming：A Neurophysiologist's Point of View," 载 *Handbook of Psychology*, M. S. Gazzaniga and C. Blakemore 主编。

[21] Brant Wenegrat, *Sociobiology and Mental Disorder*；Russel Gardner, "Psychiatric Syndromes as Infrastructure for Intra-specific Communication," and John Price, "Alternative Channels for Negotiating Asymmetry in Social Relationships," 均载于 M. R. A. Chance；主编 *Social Fabrics of the Mind*；Paul Gilbert, Human Nature and Suffering；Anthony Stevens, *Archetypes：A Natural History of the Self*.

[22] Noam Chomsky, *Aspects of the Theory of Syntax*.

[23] Nancy Burson, "Androgene,"（综合照片），载 *Harper's*, 1985 年 6

月号，第 28 页。

［24］Kugler，*The Alchemy of Discourse*.

［25］C. G. Jung，*Memories，Dreams，Reflections*，第 245-246 页。

［26］同上书，第 244 页。

［27］同上书，第 231 页。

［28］同上书，第 239 页。

［29］同上书，第 247 页。

［30］Paul J. Stern，*The Haunted Prophet*，p. 172.

［31］C. G. Jung，*The Collected Works*，Vol. 10，第 978 自然段。

第二章

梦见神话

我们一刻也不敢屈从于这种幻觉，即一个原型竟然能够得到最终的解释和处理……我们所能做的充其量是继续不断地梦见这种神话并为它披上一件现代的外衣。

——《荣格全集》第 9 卷，上部

神话乃公众之梦，而梦却是私人的神话。

——约瑟夫·坎贝尔

在荣格心理学和行为生物学之间有某些方面是一致的，尤其是在提到集体无意识的作用和梦的功能时，两者之间的一致之处更多。习性学的观点认为，有梦睡眠的重要性在于，通过把习性（在脑中编码的物种的全部行为技能）和个别动物的近期经验整合起来，动物就能使其生存策略适合于现代，这种习性学观点和荣格的观点是非常一致的。荣格早就提出，我们的梦在夜晚使我们和那个两百万岁的人的智慧建立联系，这个人是一种活的潜能，存在于我们每个人的集体无意识之中。

用严格的生物学术语来说，梦是在遗传上被决定的行为排练，和演戏一样，它使有机体为日常生活中可能发生的事件做好准备。这样，我们就可以把阿尔弗雷德·阿德勒①关于"梦是为生活所做的彩排"的洞见翻译成当代习性学的术语——梦在把习性（用我们的术语就是，生活的原型规划）组织成为一系列复杂的行为和心理活动方面发挥着某种不可或缺的作

阿尔弗雷德·阿德勒

用，这些行为和心理活动在所有哺乳动物的那些至关重要的生活行为中普遍存在。例如，求婚、求偶、猎取食物、支配的欲望、领土

---

① 阿尔弗雷德·阿德勒(1870—1937)，奥地利心理学家、个体心理学的创始人。早期追随弗洛伊德从事精神分析研究，后因学术观点不一致，于1909年与弗洛伊德决裂，创建了自由精神分析研究会并任会长，1912年改为个体心理学会。目前该学会已成为一个国际性的学术组织。

的获得与保卫。

那些在种系发生上非常古老的结构在人类的梦中起某种重要作用，这个事实可以从着重研究梦的内容的统计学研究中推断出来。例如，在对大学生共同的梦所做的一项研究中，大学生报告了下列主题，按出现的频率顺次为：从高处向下跌落；被追赶或受到攻击；反复尝试从事某一项任务；与学术活动有关的经验和性。所有这些类型的梦，除了那些与学术活动有关的梦之外，都有相当明显的种系发生方面的联系。例如，一个在其进化的早期阶段很多时间都在树上度过的生物，肯定会体验到令人焦虑的跌落的梦，这是不足为奇的。同样，我们可以预料，受到追赶或攻击的噩梦会在某些物种中存在，这些物种的原始冲突包括猎食、争斗和争夺支配权。再者，掌握环境中的变化、获得身体技能、举行宗教和社会仪式等至关重要的需要，都要求人们反复尝试学习和执行这些任务。最后，性行为在物种的生存方面所起的作用则无须在此赘述。

卡尔文·S. 霍尔（Calvin S. Hall）[1]和弗农·J. 诺德比（Vernon J. Nordby）以及在 20 世纪五六十年代的那些无所畏惧的梦收集者也得出结论，根据他们对 50 000 多个梦的考察，许多常见的主题得到

---

[1] 卡尔文·S. 霍尔（1909—1985），美国心理学家。其主要研究领域是行为遗传学、动物的情绪行为和释梦，尤以其梦的研究和人格理论的著作而闻名。早年受弗洛伊德影响，对梦的研究产生强烈兴趣，采用定量研究方法分析梦的内容，提出梦的象征意义的认知理论。他与诺德比合作，研究了 50 000 多个梦，发现了梦都有一些典型主题，这种观点与荣格关于系列梦的观点类似。他还证实某些象征符号会从不同语言和文化背景中的人的梦中一再出现，从而支持了荣格的原型理论。

了一再重复。所谓主题，他们的意思是指相同的基本情节或事件。他们写道："这对于个体的系列的梦以及对于从不同人类群体中获得的系列的梦来说都是真实的。这些典型的梦（typical dreams），实际上是每一个梦者都曾体验过的，尽管这些梦在个体做梦者和不同群体的做梦者中出现的频繁程度存在差异。"

霍尔和诺德比报道的那些典型的梦包括攻击、捕食其他动物、飞行、跌落、受到有敌意的陌生人追赶、美丽的景色、梦见不幸、性活动、结婚和生孩子、参加考试或经受某种类似的严峻考验、旅行（无论是步行、骑马、乘车、乘飞机还是乘坐船只）、游泳或在水中、观看火、被禁闭在地下的某个地方。他们写道："生活在西方文明中的每一个人都会在其一生的某个时候做这些梦，而且其中有许多梦将一再得到重复。"从思想倾向上讲，虽然霍尔和诺德比是弗洛伊德学派的人，但他们却认为："这些典型的梦表达了所有做梦者共同的关注、先入之见和兴趣。或许可以说，是它们构成了人类心灵的普遍常量。"[3]梦就是这样为我们提供了大量的证据以支持荣格关于集体无意识的假设。

霍尔和诺德比的一个更有趣的研究结果是，梦者在其梦中梦见的坏事要比好事多得多……我们由此可以推断，人们通常把这个世界想象为充满威胁、不友好和敌对占主导地位的地方。[4]这和弗洛伊德关于梦是伪装的愿望满足的观点是激烈冲突的。虽然他们并没有做出这种解释，但他们的研究结果却容易使人做出这种生物学的解释，即梦的一种功能就是使梦者警觉和做好对付这种威胁的准备，在进化的适应环境中（就是说，我们人类在其中得以进化的环境和我们99％的自然存在物生于斯长于斯的环境），这些威胁是很常见的。

尽管霍尔和诺德比坚持认为，他们的研究未受弗洛伊德假设的影响，但这些假设却显然存在。例如，他们把长着利齿的食肉动物追赶做梦者的梦解释为阉割的梦。他们根本就没有考虑到，这种梦可能是通过种系发生而被决定的。他们引证了一个梦，把它解释为阉割的梦，实际上表达的是关于景色、捕食其他动物和逃跑的原型。一个年轻人报告了下面这个梦："我梦见我在一片很开阔的地里，各种各样张开大嘴、长着利齿的庞大动物正在追赶我。我从这边跑到那边试图逃走。这些庞大的动物终于把我包围住了。它们打算用爪子抓我并吃掉我。我被吓醒了。"[5]

从荣格心理学的观点来看，最有趣的发现是，某些共同的象征会在具有不同文化和语言背景的人的梦中反复出现。大约在霍尔和诺德比进行研究的同时，美国的理查德·格里菲斯（Richard Griffith）博士与日本的官木（O. Miyagi）和田胡（A. Tago）博士联合进行了一项引人入胜的研究，对肯塔基州的250名大学生和东京的223名大学生的梦做了比较。他们一共收集了7000多个梦。当他们对这些梦进行考察，想要发现某些主题会多么经常地一再出现时，他们却发现，这两个群体之间存在着明显的相似性。另外，经过检验的那些经常出现的主题非常类似于霍尔和诺德比所描述的那些主题。[6]

梦总是一再回溯那些显然时时处处都和人类有关的主题——我们称之为原型的主题。荣格的格言再一次得到了证实：“归根结底，每一个体的生活同时也是整个人类的永恒生活。”[7]

对于每一种哺乳动物的生存都至关重要的是，基本的反射过程（习性学家所谓固定的行为模式）在物种的本体发展过程中被有效地组织成为适当的行为。四种以 F 开头的基本的固定行为包括：觅食（feeding）、战斗（fighting）、逃走（fleeing）和私通（fornication）。如果米歇尔·朱卫是正确的，而且快速眼动睡眠确实是一种“由遗传决定的行为的排练”，那么，梦的重要意义便在于，甚至在遇到可以产生味觉的、有威胁的或引起性欲的刺激之前，梦就能使动物对食物、威胁、攻击或遇到的性对象做出恰当的反应。正如 J. 阿伦·霍布森（J. Allan Hobson）①在他那本不可不读的书《做梦的大脑》（*The Dreaming Brain*）中所说，行为活动的神经计划表必定早在要求人们做出某种行为之前就已经定好了。[8]

霍布森报告了他自己亲身经历过的一个事件，这一事件使他相信事情一定是这样的：我们的梦和我们的遗传确实为我们准备好了一切，使我们能进行自我保护和进行战斗，尽管我们从未接受过这样的训练 。“有三个人曾在我停车的那个停车场里围攻过我。”他写道：

---

① J. 阿伦·霍布森（1933— ），美国精神病学家和医学界的梦学研究权威，以研究快速眼动睡眠而著称，目前是美国哈佛大学医学院精神病学荣誉教授。

那是一个春天的清晨，我正准备到实验室去监控一下在睡眠实验室里进行的一项实验。我绞尽脑汁并千方百计地想要摆脱袭击，但这一切都未能成功地保护我免受袭击。只是在我被击倒在地失去知觉、并且遭到一通拳打脚踢之后，某种原始的欲望才在我心中升起。我记得当时只觉得似乎有一种非人的力量，很可能是把肾上腺中的荷尔蒙冲动给激发起来了。我想把这三个人摆脱掉，其中有两个人还在追赶我，我以奥林匹克竞赛般的速度跑到一个胡同里。我记得，在我的攻击性力量达到高峰时我想的是："这些人想要杀死我。"

这种快速激发出来的原始的攻击性能量和力量来自何处呢？这一系列独特的行为方式在以前可是从未出现过啊，但我却莫明其妙地能做出这种特殊行为。我当然不可能有时间在现场现学现卖啊！我并不否认童年时代和青少年时代游戏的价值，也不否认男孩子玩的那种仪式化的攻击性游戏的价值；但是再往深处追溯一下，我猜想许多这类行为事件的脑基础其实早已定位好了，并且一直保存下来，就是为了应对这种事件的发生。它虽然未能挽救我的鼻子（它被打成粉碎性骨折），但却挽救了我的生命。[9]

霍布森评论说，和攻击性一样，性行为也依赖于一些固定的行为模式，这些模式有自己的活动过程，而且显然，它们处于时刻准备着的状态。这样，即便很长一段时间不用，一旦遇到某一性对象时也会迅速地引起这种行为。这个事实可能会消除奥斯卡·哈默斯坦二世(Oscar Hammerstein Ⅱ)①的疑虑。哈默斯坦二世结婚很早，他的未来的岳父想要知道他是不是一个童男子，而哈默斯坦二世则立即宣称他是的。这位愤怒的父亲反驳说："那么你的意思是说，你打算在我女儿身上实践一下了?"他的这种焦虑之情显然是毫无必要的。快速眼动睡眠时期的阴茎勃起和遗精这类潮湿的梦，尤其是在青春期和青少年时期，都是做梦发挥作用的外部标志，它使那些为性体验和性行为负责的身心基础结构得到了激活和保持。据我们所知，弗洛伊德最感兴趣的正是做梦的这种功能，他过分强调这种功能的意义，想把所有的梦活动都归入它的影响之下。

霍布森的建议和朱卫的观点一样，与荣格的理论是完全一致的。而且，虽然保罗·麦克莱恩在荣格去世几年之后提出了他的三位一体的脑(triune brain)②概念，但荣格对此已经有所预见。他认为，关于哺乳动物或爬行动物的梦和种系发生上非常古老的哺乳动物和爬行动物的脑中的结构有关，是自然本性自身那些更深层次意图的表达。荣格写道："心理在进化上的分层在梦中要比在意识的心

---

① 奥斯卡·哈默斯坦二世(1895—1960)，美国著名音乐家、歌词作家、音乐剧制片人和导演，曾与理查德·罗杰斯合作，两次获得奥斯卡最佳原创歌曲奖。
② 所谓"三位一体的脑"是指新皮质、边缘体和R-复合体。这是 1990 年麦克莱恩在其著作《进化中三位一体的脑》(The Triune Brain in Evolution)中提出的一种假说。在他看来，这些神经通路的发育，使那些原本构造比较简单的爬行类动物的脑，逐渐进化为哺乳动物的脑。

灵中看得更清楚。在梦里，心理是以意象的形式讲话，并且把那些源自本性的最原始水平的本能表现出来。因此，通过对无意识内容的吸收，短暂的意识生活就能够再次与自然本性的规律和谐相处（本来人们是很容易与之分离的），而且还能把病人引回到他自己存在的自然本性的规律之中。"[10]

荣格论证说，我们的各种心理问题，神经症的、精神病的、心理病理方面的问题或其他方面的问题，"都是因为与我们的本能失去了联系，与储藏在我们心中那古老但却未曾遗忘的智慧失去了联系。那么，我们从哪里和我们心中的这位老人进行联系呢？在我们的梦里"。[11]因此，梦是自我和无意识在夜间进行的终生对话中使用的语言：它是个体在心理上与物种的生命循环建立联系的手段。

当我们考察同一位做梦者所做的一系列很长的梦时，这种说法的真实性就变得昭然若揭。每一个别的梦都是一种补偿性的行为，是"对片面性的一种暂时的调整，或者使发生障碍的平衡保持均等"。荣格写道："但是，这些显然各不相同的补偿活动却以更深刻的洞见和体验把自己安排到某种计划之中。它们似乎紧紧地纠缠在一起，并且在最深刻的意义上服从于某种共同目标，这样，系列的长梦看起来就不再是一长串毫无意义的、不连贯的和单独发生的事件，而是类似于在一个有计划和有秩序的发展过程中的一系列连续的步骤。这个无意识过程是在很长的梦系列的象征作用中自发地表现自己的，我把这个过程称为个体化过程。"[12]

一、对一个梦进行解释

现在我们不妨来看一个梦，并根据我一直坚持的观点对它进行解释。加里是一位 30 岁出头的农民，他做了这样一个梦：

> 这是夏末的一个夕阳余晖照耀的黄昏。空气中洋溢着因庄稼成熟而即将获得大丰收的喜悦气氛。景色在傍晚明亮的灯光下隐约可见，其强度使我感到像处在超自然状态下。我站在我们的农舍后面的院子里，等待着一个在进行了一天的收割之后从田野里归来的人。
>
> 突然我听见一辆拖拉机驶进小巷的声音。一位老人——我想这是我的父亲——在驾驶室里手握方向盘。当他快要驶近标志着进入农场的那个 17 世纪的大石柱时，我注意到，我的叔叔约翰潜藏在附近一棵栗子树的阴影里。他的手上拿着一把剑，上面标的日期是（英国）内战时期①，这把剑通常情况下是挂在农场大堂里的。我惊恐地意识到，他的用意是想要袭击我的父

---

① 英国内战（English Civil War）指的是 1642—1651 年在英王查理一世为首的保皇派与英国议会派之间发生的一系列武装冲突。这场战争对英国和整个欧洲都产生了重大影响，也是西方近代史的开端。

亲。我试图大声喊叫并向他那里跑，但是有某种力量使我动弹不得，我喊叫不出来，也移动不得。我感到完全无助而又无力，极度痛苦地眼看着我的叔叔跳上拖拉机，把那个老人（现在已经看清楚了，那就是我的父亲）从驾驶座上拖下来，把他推倒在地。然后，叔叔以令人作呕的残忍手段用刀朝他乱砍一气。"住手！"我尖叫起来，但是这句话听起来却不过是我的喉咙里发出的一种"咯咯"的声音。当我意识到我的父亲绝不可能在这种可怕的袭击中幸免于难时，一种令人惊骇的悲哀涌上我的心头。

然后我在附近的一片树林里和一个女人在一起。天快黑了，她似乎已经或多或少地知道了刚才发生的事情，并试图安慰我。她长得很像我的未婚妻，但比她黑一些，高一点，年纪也大一点，实际上她长得有点像我母亲。她告诉我一定不要忘记我看到的事情，并且用我的一生来为父亲昭雪。

我醒来后觉得浑身无力，心中充满了纷乱的情绪。我的心剧烈地怦怦乱跳，我担心我要得心脏病了。事情虽然过去了，但在这一天接下来的时间里，这个梦一直使我烦恼不安。

当我们一起对这个梦进行分析时，加里和我以经典的荣格学派的分析方式对它进行了探讨。就是说，我要求他进行某种积极想象

(active imagination)①——打个比方说，继续把梦做下去——还要求他对梦中的事件和人物提供他个人的联想。然后我们考察了这个梦的文化和原型背景，并尽可能充分地分享其中展现出来的顿悟和感受。我们还是逐一地来看一看这些阶段中的每一个阶段吧。

积极想象：打动加里的第一个想法是，他的叔叔约翰是一位活下来的人，他总是能够证明他所做的任何事情都是合理的，即便他做了坏事也不会受到追究，无论事情做得多么见不得人，因此，他是不会坦白认罪或正视其可怕行动之后果的。既然约翰并不知道他的攻击行为已被人发现，那么，他最关心的事情就是把他哥哥的尸首和存留的东西埋在一个不会被发现的地方。加里说："我能听见他在说这样的话，'一个杀人者首先关心的就是把尸首处理好'。"

个人联想（personal associations）：加里的父亲安德鲁（Andrew）是他的同胞兄弟中最年长的，当加里的祖父 63 岁时在一次拖拉机事故中身亡之后，作为长子，安德鲁便继承了家族的农场。安德鲁的弟弟约翰（即做梦者的叔叔）只比安德鲁小一岁，而且两人之间总是存在着激烈的竞争。虽然安德鲁是约翰的兄长，但安德鲁比较容易受到伤害，身材较瘦小，而且不会攻击别人。当他们还是孩子时，约翰很快便学会了利用自己强壮的身体来威胁安德鲁，他几乎毫不

---

① 积极想象是荣格于 1935 年发明的一种心理治疗技术。在他看来，积极想象"意味着意象有自身固有的生命，各种象征性事件的发展按照其固有的逻辑而发展——当然，这就是说，如果你的自觉的理性不干预的话"。通过积极想象的方法，来访者可以与这些有生命的意象进行直接沟通，从而导致来访者在这种不受干预的情况下发生变化和治愈。

掩饰他看不起他的哥哥这个事实。另外，约翰一直是他们的父亲最宠爱的儿子，当这位老人身亡之后，约翰对于让安德鲁继承农场而不是由他来继承农场深感不满。更使他备感侮辱的是，他认为安德鲁完全不应该拥有这个地位。和约翰不同，安德鲁是非常赞成"绿色种植"的：他不喜欢在地里使用化学制品，对畜禽进行机械化畜牧也漠不关心。相反，约翰则提倡利用一切最新的科学发明，使之达到最大的经济效益和最高的产量，这也是他的父亲给他在农场里留下的一份权益。

那么，这种家庭冲突对梦者来说意味着什么呢？加里很爱他的父亲而相当害怕他的叔叔，但他不得不承认有些时候他的父亲似乎是错误的，而且农场在财政上确实是在走下坡路。当他的父亲和叔叔因吵架而怒发冲冠时，加里又常常就在现场，后来他开始感觉到，他的叔叔在争论中正逐渐占上风。然而，他的父亲却顽固地拒绝改变其原则。过去，在这两个人吵架时加里往往保持沉默不语，但他越来越觉得，他应该进行干预并支持他的叔叔约翰提出的某些主张。加里对这种干预可能会给他的父亲带来的影响深感忧虑，因此，在他的梦中对此表现出极大的矛盾冲突。

这个梦显然代表了做梦者的这种矛盾心理。他仿佛已经认识到，倘若他站在叔叔这一边，实际上就等于杀害了自己的父亲。那把标有英国内战时期的剑反映的，就是在这个家庭内部和在做梦者的心理内部发生的那种性质的战争。自我（the ego）瘫痪无力和无法进行干预，这可能是因为每个人在快速眼动睡眠期间都会体验到的那种实际的瘫软无力，但也可能是加里在清醒的现实中，当他面对他的两位长辈的冲突时，所体验到的那种情绪上瘫软无力的象征。

这个梦是在告诉他，如果他想通过采纳他叔叔的态度来解决这种冲突，他就必须做好准备去杀死他的亲生父亲和他内心深处的父亲（与他父亲的态度和人格相一致的他自己的那一部分）。

那个女性人物一部分是他的未婚妻，另一部分是他的母亲，在本质上（au fond）就是他的阿妮玛（anima）①。她理解这种男性冲突的深刻意义，并告诉他，他必须花费毕生的精力来解决这个问题。事情确实如此，因为当加里的父亲年纪越来越大并且去世之后，加里将亲自管理，以后还要继承这个农场。在这个梦里也隐含着一种死亡的愿望：他的父亲在一辆拖拉机上，而他的父亲的父亲正是死在拖拉机上。

现在所有这一切似乎都相当清楚和明确了。我想，大多数心理学流派和心理分析都会像我迄今对这个梦所做的解释那样去进行分析，虽然他们可能会更强调某些细节而不太强调其他方面。例如，弗洛伊德学派的人毫无疑问会要求人们注意，那把剑是一个阴茎的象征，同时也会指出，因为他的叔叔约翰与他的父亲有更密切的关系，通过对这种关系的认同，他的叔叔约翰便具有了比其父亲安德

---

① 阿妮玛是荣格心理学的专用术语，是一种重要的心理原型，在古代西方"anima"的原意是"魂"，尤指男人的灵魂。在荣格心理学中，这个词被用来指男性心目中的女性形象，意思是说，在男性内心深处也有女性温柔、细腻、善良、体贴等女性的人格特质，只是由于社会的要求和压抑，使男性把这些"anima"潜藏在集体潜意识之中了。

鲁更强大的阴茎力量，因此，在梦者的心理就以这种力量作为象征。叔叔的杀人行为也代表着加里心中的弑父心理——他渴望杀死父亲并继承这个王国（对拖拉机的联想）。弗洛伊德学派的信徒无疑会用所谓俄狄浦斯情结（Oedipus complex）①，特别是根据加里的阿妮玛和他的母亲之间的类似性来解释这个梦。那么，一个荣格学派的人会对此有何补充呢？他必然会补充一些文化的和原型方面的内容。

文化联想（cultural associations）：17世纪的农舍、大门的石柱和剑都是和英国查理一世与议会之间的内战同时代的东西。和所有的内战一样，这场战争也是权力之争：谁是统治者？是国王还是议会？奥利弗·克伦威尔（Oliver Cromwell）②砍掉了查理一世国王的脑袋并篡夺了他的权位。克伦威尔的政府最终又被推翻，国王的儿子复辟，但现在他只不过是君主立宪制下的一个君主，必须经过议会和人民的同意才能实施统治。

这段历史给他提供了一种比喻，是对发生在加里自己身上的事情所做的比喻：他正处于成为一个君主立宪制下的君主这个过程中，他将要接任由于他的父亲（国王）和他的叔叔（克伦威尔）之间的

---

① 俄狄浦斯情结，又称恋母情结，指男孩子早期的性追求对象是自己的母亲，因而把父亲视为情敌，与父亲争夺对母亲的爱。这种情结源自古希腊关于俄狄浦斯王的神话传说。

② 奥利弗·克伦威尔（1599—1658），英国内战期间的军政领袖。1640年他与其他领袖一起做出决定，处死了当时的统治者查理一世，将英国政体改为共和制联邦。他是英国历史上一位颇受争议的人物。

斗争而遭到破坏的王国。

原型联想（archetypal associations）：这种戏剧性事件在神话学中有任何类似的情况吗？确实有！其中有很多是与此相类似的。最迅速地涌上我们心头的、几乎与此完全类似的神话，就是关于地狱判官奥西里斯（Osiris）①的神话。奥西里斯无疑是埃及诸神中最富感染力的。他是和平地给人类带来文明的人，他教给人们怎样种粮食和种植葡萄，以及怎样制作面包、啤酒和葡萄酒。他建造了最早的城市和庙宇，并且把所有这些好处都给了已知的世界，他还给人们带来了令人快乐的音乐和艺术。所有这一切都不是通过暴力得到的，而是通过良好的意愿和榜样得到的。

但是，这却是一个不完善的世界。奥西里斯有一个好嫉妒的兄弟赛特（Set），他想要夺取奥西里斯的权力，用这种权力来达到他自己的那些以自我为中心的目的。赛特和一群帮凶一起绑架了奥西里斯，把他钉在一个木箱里，扔进了尼罗河。这个木箱被冲进了大海，并穿越腓尼基海岸的比布鲁斯，停在了一棵柽柳树下。

奥西里斯的妻子，他的妹妹爱希斯（Isis）②登场了。她来到腓尼基，找到了奥西里斯的尸体。为了骗过赛特，她把尸体藏在尼罗河

---

① 奥西里斯，古代埃及神话传说中的主神之一。传说他生前是一个开明的国王，死后成为阴间世界的主宰和死亡判官。他还是复活、降雨和植物之神。他赐予人类以文明。他是冥界之王，负责宣判人死后是否可以得到永生。

② 爱希斯是埃及神话中司生育和繁殖的女神，也是魔力和母亲的守护神，是一位颇具怜悯之心的女神。

三角洲的沼泽地里。但是，有一天晚上，当赛特乘着月光出去打猎时在那里发现了它。赛特用他的刀对着尸体一阵猛砍，把它砍成14大块，然后他把这些尸体碎块散落在很远很分散的地方。

爱希斯并没有被打败。她找回了这些宝贵的身体碎块并把它们收集在一起，只有一个非常重要的部分——阴茎——没有找到。她把这些身体的碎块重新拼接起来，并且在人类历史上第一次举行了用药物涂尸防腐的仪式，使这个被杀害了的神又恢复了永恒的生命。阴茎则以那种古埃及奥里西斯的杰德石柱（Osins's Djed pillar）①来取代，象征着永恒的生殖能力。

奥西里斯是一个伟人和整个人类的榜样，可以把他理解为代表整个人类和自性的完整的原型天赋。他是我们人类的那种创造性天赋才能的体现，这种才能把从事狩猎和采集的人类变成了现代文明社会的农民。他还代表着死亡与再生的原则，因为他是一种使谷物、藤本植物和树木具有了生命的植物精神。

赛特则完全不同。如果把奥西里斯比作能够提高生命质量的创造性活动的自性，那么赛特就是贪婪的自我，为了他自己的贪婪和毁灭性之目的而抢夺奥西里斯的权力。重要的是，赛特并不是自然地生出来的。他是经过一番粗暴的撕扯才从他母亲的子宫中生出来的。另外，他长着白皮肤和红头发，这些都是埃及人所不喜欢的。

---

① "Djed"是"稳定"或"持久"之意，这个词也被称为"安定之柱"。这是埃及神话中一种古老而又常见的象征，在埃及的象形文字中是一种像石柱一样的象征物，代表稳定和永恒。

特别是红头发，他们把它比作驴皮。因此，赛特是北欧日耳曼民族外表特征的某种预兆，他们粗暴地对待自然和本性以满足自己的自我需要。

在奥西里斯的神话和加里的梦之间有如此惊人的类似性，以致我们无须再多加赘评。这个梦使加里的父亲扮演奥西里斯的角色，他的叔叔约翰扮演赛特的角色，而他的母亲/未婚妻/阿妮玛则扮演爱希斯的角色。

这兄弟两人之间的争吵与两种相反的管理农场的方式有关——有机的方式和技术方式——只不过这意味着这种神话已经变成现代的东西了。在这个梦里加里创造了一个当代的神话，他自己的神话，是专为我们的时代特制的。

我们还可以把加里的父亲和他的叔叔约翰之间的关系做更深入的神话学上的类比，就是说，可以比作普罗米修斯（Prometheus）①（"他能够提前预知"）和他的兄弟埃皮米修斯（Epimetheus）②（"他在事件发生后才知道"）之间的关系。普罗米修斯从诸神那里偷来天火，以便向人类补偿他的兄弟非常浪费的愚蠢行为，他的兄弟浪费了诸神送给他的礼物，没有给人类留下多少资源。由于他的这种勇

---

① 普罗米修斯是古希腊神话中地母盖亚与天父乌拉诺斯的儿子伊阿佩托斯和名望女神克吕墨涅的儿子。传说他和智慧女神雅典娜共同创造了人类，他盗取天上的火送给人类触怒了宙斯，被绑在高加索山的悬崖上，每天遭受肝脏被恶鹰啄食的痛苦。
② 埃皮米修斯是伊阿佩托斯与克吕墨涅的儿子，也是普罗米修斯、阿忒拉斯和墨诺提俄斯的兄弟，还是潘多拉的丈夫，他代表人类的愚昧，而普罗米修斯则代表人类的聪明。

敢的挑衅行为，诸神惩罚了普罗米修斯，把他捆绑在高加索山上，派了一只兀鹰每天啄食他的肝脏。他们还把那位长相漂亮但却背信弃义的潘多拉送给了埃皮米修斯，潘多拉把死亡和毁灭带给了世界。

这个神话以别具一格的方式讲述了人类堕落的故事。通过与诸神的公开对抗，人类才意识到了大自然的规律，并且使这些规律服从于人类的意志。从依靠狩猎和采集为生的原始状态演化过来之后，人类攫取了世界上所有的商品以满足自己的需要。埃皮米修斯是一个好冲动的喜欢寻欢作乐的人（bon viveur）。和赛特一样，他一点也不关心以后的事。他的格言就是吃喝玩乐，因为明天我们就会死去。

毋庸赘言，加里从未听说过奥西里斯，虽然他知道关于普罗米修斯把天火这个礼物送给人类的事，但他一点也不知道埃皮米修斯在这段悲哀的历史中所起的作用。当我向他讲述了这些事情之后，他显然受到了震动，坐在椅子上，一句话也没有说，过了五分钟，他才相信自己还能说话。

这个梦以及我们对这个梦所做分析的后果是，加里对在他自己内部和外部冲突的全部理解已经发生了转换，使他能够通过一次面询（session）便会向前迈出一步，这超越了他的父亲和他的叔叔采纳的两种极端对立的观点。这对促进他的个人成长和个性化发展也有一定作用。

通过把这个梦与其神话的脉络联系起来，加里才突然发现，在其心灵内部演出的这出戏，实际上就是在一个全球范围内演出的更大戏剧的一部分，这种想法使他与其父亲的事业建立了联系，对父亲的事业产生了新的同情，赋予它一种形而上的、差不多带有宗教性质的强度。在西方文明中，奥西里斯沉睡在集体无意识的深处，这种睡眠如此深沉，就像处于昏迷状态似的；而赛特在集体无意识中则处于统治地位，而且到处横冲直撞。赛特根本无暇顾及永恒的自然循环，也无暇对它们进行文明化的调整；为了满足他自己那自私自利的需要，他随时随地暗中破坏一切事情，根本就不关心生态问题和以后的事。当推土机开进来并在乡间横冲直撞时，赛特就是开推土机的人。当 1000 平方英里①的雨林就要荒芜时，赛特便点燃了大火。当一大批伊拉克士兵在从科威特的城市撤退的路上就要遭到火焚时，赛特就是掌握着操纵器的人。因为赛特把自己放在与自然规律相反的位置上，而且和所有真正的亡命之徒一样，在进行强奸和抢劫时根本就不会考虑后果。从生态学意义上说，赛特是个精神变态者，在我们的世界中他是统治者。用心理学的术语来说，赛特是从无私的自性中分离出来的自私的自我。因为我们对环境所做的一切就是我们对自己所做事情的一种直接后果。荣格说："在这个世界上只有一样东西是错误的，那就是人。"[13]

对我们所有的人来说，加里是一个很好的榜样，因为他证明了治疗自我与自性之间分裂的一种手段，这样，赛特和奥西里斯就有可能进行和解：我们应当相当严肃地关注我们的梦，梦是自我和自性

---

① 1平方英里约为 2.59 平方千米。

在枕头上的谈话。这基本上是一种炼金术的谈话，因为梦是我们心理生活的原初物质（prima materia）[1]。在意识与无意识、个人与原型的相互作用中，出现了一种不可思议的转变，对精神整体性的追求也向前推进了一个阶段。在深夜关注这类对话能够改变我们看待我们在生活中的作用之方式，能够改变我们应对我们周围世界的方式。

在转向其他问题之前，我们不妨再多考虑几个与加里的梦相类似的事情。关于赛特和奥西里斯的戏剧早已在关于吉尔迦美什（Gilgamesh）[2]和恩奇都（Enkidu）的苏美尔人的史诗（Sumerian epic）中就有所预见，这个史诗的日期可追溯到西方历史

吉尔迦美什

---

① 原初物质是西方炼金术用语，指炼金术士用来冶炼黄金普遍存在的原始物质，是用所谓哲人石创造出来的、没有形状的万物始基，类似于混沌或以太等物质精髓。

② 吉尔迦美什是人类历史上最古老的叙事诗"吉尔迦美什史诗"里的一位伟大的王。他统治着古代美索不达米亚地区苏美尔王朝的都市国家乌鲁克。他有着三分之二是神、三分之一是人的高级神格，自认为无人能敌。吉尔迦美什和恩奇都以敌人的身份相遇，但不久后互相认同，共同治国。得到了对等朋友的吉尔迦美什逐渐转变，使乌鲁克展现出前所未有的繁荣。

的开端。恩奇都是自然和自性的体现，他在荒野中长大，动物就是他的伙伴。另外，乌鲁克是当时世界上第一座大城市，拥有防御土墙和巨大财富，吉尔迦美什就是这座大城市乌鲁克的国王。吉尔迦美什就是那个英雄般的自我，他抛弃了与其周围环境保持和睦平衡的那种古老而朴实的狩猎和采集生活，通过大胆地发挥他的意志，杀死了怪物亨巴巴(Humbaba)，并且使从黎巴嫩绵延到幼发拉底河的大片雪松树林荒芜。他强迫恩奇都帮助他完成这一庞大的任务——通过纪律、决心和钢铁般的意志，自我就能成功地兼并自性的能量，并且使这些能量服务于他自己日趋膨胀的野心。

> 拥有防御土墙的乌鲁克国王
> 已经改变了不可更改的地方
> 使惯例因滥用和改变而遭殃。[14]

这些话向我们讲述了某种真理，这种真理在现在甚至比数千年前印刻在古老的黏土碑上的话更使人熟悉。伟大的文明世界交替更迭，你方唱罢我登场，但人类的心灵却一代接一代与同样的问题不断地进行着斗争。

像吉尔迦美什、赫拉克勒斯(Heracles)①、奥德修斯(Odysseus)②

---

① 赫拉克勒斯是古希腊神话中主神宙斯之子，力大无穷，曾完成十二项英雄事迹。
② 奥德修斯，古希腊神话中的英雄，特洛伊战争中献木马计，使希腊军大获全胜。

这类英雄的那种带有攻击性的权力欲必然会被带有相反价值观（例如，和平、爱和对神充满依恋之感）的人物所平衡，正如弗兰克·考森（Frank Cawson）在一部关于英雄原型的重要手稿中所指出的，"英雄必定得死"。狄俄尼索斯（Dionysus）①手里拿的不是武器，而是一个长出常春藤叶芽的嫩枝，俄耳甫斯（Orpheus）②胡乱弹奏着他的琵琶琴，耶稣基督拿着一根牧羊杖，而佛祖释迦牟尼则参禅打坐，他的手张开着，也没有拿武器。与上述这些人物相反，赫拉克勒斯肩扛着他那根象征着伟大的男性生殖器的棍棒（考森说："每一件战争武器，从赫拉克勒斯的棍棒到核弹和疾行如飞的导弹，其形状都和男性生殖器或类似于男性生殖器的机制相似。"）[15]，而奥德修斯则拿着他那柄曾经挑出了波吕斐摩斯（Polyphemus）③眼珠的巨型长矛，波吕斐摩斯这位独眼巨人非常喜欢他那种生活方式，却对文明世界一无所知，也不能进行农业生产和有组织的生产活动，他居住在人类堕落之前的伊甸园里，完全依赖于大自然的恩惠。在向我们讲述这些创造物的时候，荷马（Homer）④唱道：

---

① 狄俄尼索斯，古希腊神话中的酒神。

② 俄耳甫斯，古希腊神话中的歌手。

③ 波吕斐摩斯，古希腊神话传说中的独眼巨人，他的一只眼睛就是被奥德修斯刺瞎的。

④ 荷马，相传为古希腊时期的游吟诗人。他生于小亚细亚，双目失明，创作了记述公元前12—前11世纪特洛伊战争和海上冒险故事的古希腊长篇叙事史诗《伊利亚特》和《奥德赛》，两者统称为《荷马史诗》。

......他们既不需要犁地，

也无须用手播种，更不用耕地，但是粮食——

野生的小麦和大麦——却无须照料就能生长，

一串串酿酒的葡萄，在天国的雨水浇灌下成熟。[16]

奥德修斯弄瞎波吕斐摩斯眼睛的行动所表达的象征作用，是一种暴力的心理压抑作用，这种压抑作用把大自然的创造物变成了无意识的。

关于赛特、吉尔迦美什以及其他人的问题也在歌德的《浮士德》的第二部分出现过。靡菲斯特（Mephistophelus）①是商人、拉皮条者和中间商，他能够得到你想要的任何东西——假如你想把你的灵魂出卖给魔鬼，他都能做到。这种主题也在艺术中表现出来。例如，在布鲁塞尔的美术博物馆中，布鲁格尔（Bruegel）的伟大绘画作品《伊卡洛斯②的堕落》（*The Fall of Icarus*），还有关于骑在马背上的勇士和英雄的许多艺术作品，也都表现了这一主题。

把英雄与马联系起来就是他对自然事物之完整态度的丰富象征。作为一种集基本力量、速度和优雅于一身的漂亮生物，马是一

---

① 靡菲斯特是"恶魔"的代名词。在歌德撰写的《浮士德》一书中，魔鬼靡菲斯特并不是"恶"，而是激发其向上的、追求发展的动力。因为靡菲斯特用生活的哲理让浮士德鼓起了勇气，使他不再颓废。他用一纸契约堵死了浮士德的退路，让他从此踏上丰富和发展自身灵魂之路，去领略人生之奇妙。

② 伊卡洛斯是古希腊神话中建筑师和雕刻家代达罗斯之子，他在逃亡时因飞近太阳，装在身上的蜡翼遇热融化，堕海而死。

种可以被捕获、占有、控制和利用的东西。英雄把马用在他的战车上，给它的嘴扣上钩环，把它驯服，抽打它、强迫它服从他的意志。亚历山大大帝骑着他的战马征服了从马其顿到阿富汗兴都库什山脉及其以外的已知世界。当男性的自我在追求名望（fame）、命运（fortune）以及在英雄的词汇中其他以 F 开头的词时，对马的驯服可以代表男性的自我征服自然的一种象征。

和勇士及英雄对待他的马匹一样，他也以同样的方式对待他的女人（以及他自己内心的女性）。阿妮玛受到严酷的压抑，至今在对年轻士兵的训练中依然如此。他们在进行杀戮时是不可能容许有温柔和同情之心的。

但是，在英雄的内心之中，自性仍然发挥着作用，想要表现出它在生命中的所有潜能，包括与女性的关系。最终，那个最好战的玛尔斯（Mars）①也要寻找他的维纳斯（Venus）②，阿瑞斯（Ares）③也要寻找他的阿芙罗狄忒蒂（Aphrodite）④。奥德修斯回到伊塔卡，把那些求婚者赶了出去，和佩涅洛佩（Penelope）⑤重新结合了。通常

---

① 玛尔斯是古罗马神话中的战神。
② 维纳斯是古罗马神话中爱和美的女神。
③ 阿瑞斯是古希腊神话中的战神。
④ 阿芙罗狄忒蒂是古希腊神话中爱与美的女神。
⑤ 佩涅洛佩是荷马史诗《奥德赛》中奥德修斯的妻子，当奥德修斯离开家时，当地许多贵族向佩涅洛佩求婚，甚至还赖在她家里，大吃大喝。但佩涅洛佩不为所动，尽管别人都告诉她，说她丈夫已经死了，但她仍然坚定不移地等待着，这一等就是 20 年。奥德修斯回来时，化装成乞丐，进入王宫，设法和他的儿子一起杀死了那些求婚者，和妻子及家人重新团聚。

情况下，阿妮玛必须得耐心等待，直到勇士对他征服的物质感到厌倦了，阿妮玛才能设法去征服他。

但是，加里的这个案例却没有这种等待。阿妮玛非常敏感地注意到了他的问题，当他和他的未婚妻分享他的这种梦体验时，她理解了：这进一步证实，她把许多感受一直作为秘密保守着。作为其配偶和未来的王后，她能够保证向他提供忠诚的支持，他们之间的联系得到了加强。

正如所有这种放大所能证明的，加里的梦是一个"大"梦，涉及深刻的原型主题，具有强大的超自然力量。它是一种文化模式的梦。所有的梦中都隐含着某种原型成分，但是有些梦显然比另一些梦更具有原型特征，梦中的这些原型特征大相径庭——神秘而且可怕。它们会激发起梦者的内心感受，因为它们提出的是最重要的关于生和死的问题。这些梦就是私人的神话。

二、梦的生态学

在我们完全离开加里的梦之前，我想就这出戏所展现的景色讲几句话。这是加里通常的工作生活中的景色，但在这个梦里，它是"一个夕阳余晖照耀下的夏末的夜晚"，田野和栽成树篱的灌木丛闪耀着强烈的光芒，这使他像处在超自然状态下一样。

在这种描述中有多处暗示到维吉尔风格①的金色年代（Virgilian Golden Age），指涉人类堕落之前伊甸园的纯真。渴望唤起这个伊甸乐园，并且为伊甸园的丧失而悲痛，这是许多诗歌［威廉·华兹华斯（William Wordsworth）②、托马斯·哈代（Thomas Hardy）③、杰拉德·曼利·霍普金斯（Gerald Manley Hopkins）④、A.E. 豪斯曼（A.E. Housman）⑤］、音乐［弗雷德里克·德里乌斯（Frederick Delius）⑥、爱德华·埃尔加（Edward Elgar）⑦、拉尔夫·沃恩·威廉姆斯（Ralph Vaughan Williams）⑧］和艺术［克劳德（Claude）、波森（Poussin）、康斯特布尔（Constable）和印象派艺术家］中所隐含的意图。许多人都会把这种怀旧心理归因于儿童时期的一种幻想的理想化；但它显然比这要深刻得多，因为这种强烈的情感早在儿童时期就开始了，很可能是因为儿童生活在距离经验的原型领域如此接近之处，居住在一个生气勃勃的（animated）世界上。动物、植物、树木、河流和风都是有生命的、有自我意识的，通过某种神秘的参与

①　维吉尔是古罗马诗人，他的诗歌中有许多优美的景象描写，被称为维吉尔风格。
②　威廉·华兹华斯（1770—1850），英国著名浪漫主义诗人，曾获英国桂冠诗人称号。
③　托马斯·哈代（1840—1928），英国著名乡土小说家和诗人。
④　杰拉德·曼利·霍普金斯（1844—1889），英国诗人，死后被冠以引领维多利亚时代诗学的著名诗人。
⑤　A.E. 豪斯曼（1859—1936），英国诗人，曾长期任教于英国剑桥大学。
⑥　弗雷德里克·德里乌斯（1862—1934），英国音乐家。其交响诗和歌剧尤为出名。
⑦　爱德华·埃尔加（1857—1934），英国作曲家和指挥家，也是一位管风琴家、钢琴调音师和教师。
⑧　拉尔夫·沃恩·威廉姆斯（1872—1958），英国著名作曲家。

（participation mystique）而产生了投射的认同。儿童享有所有的原始民族共有的那种"自然神秘主义"，浪漫派诗人把这种自然神秘主义提升到一种审美用具的高度。荣格则发现，这就是那个坐在他父亲花园里的一块石头上的小男孩（"我是那个坐在石头上的人吗？或者我就是那块让他坐在上面的石头吗？"）。[17]

人们只有尽力发挥想象力，才能回忆起过去是什么样子的。作为一个孩子，我会看着田野、森林、群山和溪流的景色，对各种生动的色彩、映照在树叶和水上的若隐若现的光芒感到惊异，而且很想知道，"在 18 世纪它看上去也像这个样子吗？"一种兴奋的激情会随着这种回答油然而生，"是的，它过去是这样的。"数年之后，我却对有关这一切事情感到很奇怪。我确信这是永恒世界的一缕闪光——这是我们的祖先早已经看见过的世界。在这里观看这个由私人电影演出景色的并不是"我"，而是那个原始的幸存者通过我的眼睛在凝望着它。在这样的时刻，我变得富有了那种生动的、超越的生命活力，受到一种被提高了的觉知的鼓舞，即觉察到在一种永恒的人类脉络关系内部独特的自我性（selfhood）。

在我们看来，在梦中和在清醒的现实中景色都是很神秘的。因为，用荣格的术语来说，它是作为一种真实的意象在我们心中天生就有的：可以说，它是一种原型的被给予（archetypal given）。在童年时期，加里就开始熟知和热爱属于他的家族已达近 400 年之久的每 1 英亩①草地和林地。他为什么会如此强烈地同情他的父亲呢？其中的一个原因是，当他想到完全实现机械化将会带来的那种惨不忍睹的变化时，就会使他感到身体上很痛苦。这种维持现状的感觉对他来说是很宝贵的，而关于所有这一切都能改变的观点，则是不可容忍的。

在这里，他也分担了一份集体的困境——这种困境我们在英国自工业革命开始以来就已经忍受过了，但是，拥有其广阔空间的美国人民，才刚刚开始了解这种困境。19 世纪的诗人和画家曾警告我们，我们对自然风光所做的一切最终将毁灭我们的灵魂。霍普金斯（Hopkins）的诗《陋室茵沃斯奈德》（*Inversnaid*），就是这样一个令人心碎的例子：

> 一旦失去了河流和荒野，
>
> 世界将变成什么？让它们留存吧，
>
> 哦，让它们留存，荒野与河流；
>
> 愿野草和荒野万古长存。

过去，各个地方变化得如此之慢，以致我们可以回到我们童年时期的所在地，来寻找那些永恒不变的暗示。现在这却变得越来越

---

① 1 英亩约为 4047 平方米。

困难了！就像乔治·奥威尔（George Orwell）①笔下的一个主人公，在寻找那个有魔力的池塘。当他还是个孩子的时候，他在那里看见过一条很大的鲤鱼，现在，那里除了有一个大型商场、一片正在兴建的住宅区或一个工业区之外，我们什么也没有看见。在当今世界上一种不可避免的垂垂老矣的痛苦感慨，似乎就是对丧失的极度痛苦——把人们在孩提时代所熟知和喜爱的东西进行随心所欲的破坏。其结果是造成了人们的疏离、愤怒和丧失。人们失去的不仅仅是地球的可爱一角，而是人性很宝贵的一部分。那个原始的幸存者忍不住啜泣起来。

> 从遥远的乡村吹来一阵
>
> 痛苦的微风，它吹进我的心中。
>
> 在那令人难以忘怀的绿色群山之中，
>
> 为什么有高塔耸立在农田里？
>
> 那是失去了意义的土地，
>
> 我看到那是阳光灿烂的原野，
>
> 我曾去过的快乐的公路，
>
> 这一切却永不复返。
>
> A. E. 豪斯曼

---

① 乔治·奥威尔（1903—1950），英国记者、小说家和评论家。他以其敏锐的洞察力和犀利的文笔做出了许多超越时代的预言，代表作有《动物庄园》（*Animal Farm*）和《一九八四》（*Nineteen Eighty-Four*）。

以后我还将论证，在当今世界
上对大自然抱有敌对态度的各种力
量，也会对我们的梦抱着敌对的态
度，只要我们粗暴地对待我们自己，
我们就将继续粗暴地对待我们的环
境。就大自然和人类本性（nature）
而言，内心世界和外部世界、精神
世界和物质世界皆为一。我们不要
笛卡儿（Rene Descartes）①这样的二
元论者。去他的吧！

笛卡儿

第二章注释：

[1] Carl Sagen, *The Dragens of Eden.*

[2] Calvin S. Hall and Vernon J. Nordby, *The Individual and His Dreams*, p. 19.

[3] 同上书，第 33、35 页。

[4] 同上书，第 2 页。

---

① 笛卡儿(1596—1650)，法国著名哲学家、物理学家、数学家、生理学家，也是解析几何的创始人，近代西方哲学的奠基人。在哲学思想上他是典型的二元论者，既坚持宗教神学的观点，相信上帝的存在，又坚持机械论观点，这种身心二元的思想对后世产生了重大影响。

［5］同上书，第 26 页。

［6］Richard Griffith, O. Miyagi, and A. Tago, "The Universality of Typical Dreams: Japanese versus Americans," 载 *American Anthropologist*, 60(1958): 1173-1178.

［7］C. G. Jung, *The Collected Works*, Vol. 2, 第 146 自然段。

［8］J. Allan Hobson, *The Dreaming Brain*, p. 294.

［9］同上书。

［10］C. G. Jung, *The Collected Works*, Vol. 16, 第 351 自然段。

［11］C. G. Jung, *Psychological Reflections: A New Anthology of His Writing*, 1905—1961, p. 76.

［12］C. G. Jung, *The Collected Works*, Vol. 8, 第 550 自然段。

［13］同上书, Vol. 10, 第 441 自然段。

［14］Robert Temple, *He Who Saw Everything: A Verse Translation of the Epic of Gilgamesh*.

［15］Frank Cawson, "*The Hero Must Die*," 这是本书作者拥有的该书手稿。

［16］Homer, *The Odyssey*, Robert Fitzgerald 翻译, London: Collins Harvill, 1988.

［17］C. G. Jung, *Memories, Dreams, Reflections*, p. 33.

第三章

治愈伤痛

> 我们，每一个单独的个体和所有的人，内心都包含着全部的世界历史。正如我们的身体对人的血统的记载至少可以追溯到鱼类以及其他物种一样，我们的灵魂也包含着在人类灵魂中已经存在的一切。所有的曾经存在过的神祇和魔鬼都在我们的心中作为各种潜能、作为欲望、作为解决问题的方法而存在着。
>
> ——赫尔曼·赫塞:《反思录》

在我的全部职业生涯中，我一直对一个主题很感兴趣，而这个主题在 20 世纪显然并没有引起绝大多数心理学家、社会科学家和历史学家的关注，那就是无意识心理的演化。这种先入之见对我来说，就像对荣格一样，在研究心理紊乱的心理生物学中达到了一个高峰。我现在将集中探索一下，当内心深处的那个两百万岁的人类存在受到挫折、惊吓或感到不满时，心理疾病可能是以什么方式使我们感到苦恼的。

在《回忆·梦·反思》(*Memory，Dreams，Reflections*)①一书中，荣格记录了，当他开始从事精神病学这一职业时，他的老师和同学都对此感到惊愕，这是因为他认识到，精神病学是医学的一个分支，它包含着两个使他毕生都非常感兴趣的东西：自然和精神生活。他写道："在这里我的这两股原本独自流淌的兴趣之溪流终于能够流淌到一起了，在一条共同的溪流中冲刷它们自己的河床了。这里就是生物学事实和精神事实所共有的经验的领域（empirical field），我曾经到处寻找它，但无论在哪里却都没有找到。终于，我在这里找到了自然与精神的碰撞变成一种现实的地方。"[1]

但是，1900年年底，当荣格开始作为一个初级精神病学家在苏黎世的波格尔兹利医院尤金·布洛伊勒（Eugen Bleuler）②的指导下从事研究时——布洛伊勒把"精神分裂症"这个术语引入精神病学——他发现，比他地位高的他的那些同事感兴趣的并不是病人心理问题的主观意义，而是对病人的症状进行分类、做出诊断和搜集

---

① 《回忆·梦·反思》是荣格的个人回忆录，在荣格去世之后正式出版。
② 尤金·布洛伊勒（1857—1939），瑞士精神病学家。20世纪初他首创"精神分裂症"这个术语，使人们对心理疾病有了更深刻而科学的理解。布洛伊勒于1898年担任苏黎世的波格尔兹利医院的院长，荣格在20世纪初在这所医院工作，他的情结理论就是在这里研究和提出来的。

统计资料。从那时以来，这种状况并没有发生多么重大的改变。诊断仍然是精神病治疗实践中关注的主要焦点。《精神障碍的诊断与统计手册》(*The Diagnostic and Statistical Manual of Mental Disorders*，DSM)的一些修订版，就像中世纪的烦琐哲学家进行无益而琐细的分析那样卖弄学问，因而引起了人们的争论。

但是，这一时期对精神疾病的研究确实也取得了一些进展，这倒是真的。人们对导致某些重要精神病的遗传学和神经生理学有了更多的了解。人们还发现，抗抑郁药和镇静剂可以在一定程度上消除症状和减轻痛苦。许多老式的心理医院已经关闭——尽管这一成就已经被证明，对于社会和病人来说这是一件喜忧参半的事。在大多数大学里，精神病学的教授职位已经得到确认。神经科学取得了稳固的进步，人们对大脑两半球功能的单侧化、记忆的神经基础以及边缘系统对情绪所具有的深刻内涵都进行了重要的研究。用计算机把二维的数据建构成三维图像的脑成像技术的发展，如计算机辅助X射线断层扫描技术(CT)和磁共振成像(MRI)，已经导致了克勒佩林(Kraepelin)[①]关于精神分裂症的早发性痴呆(dementia praecox)概念的复活，促使我们了解了，在诸如阿尔茨海默病

[①] 克勒佩林(1859—1926)，德国精神病学家，现代精神病学的奠基人。1896年，他以临床观察为基础，以病因学为依据，对精神疾病进行了分类。他划分了"紧张型""青春型"和"偏执型"，把具有"孤独、幻觉和意志障碍"的患者划归"早发性痴呆"，即精神分裂症，同时，他还把"早发性痴呆"与"躁狂—抑郁"区分开来。

（Alzheimer's disease）①和科尔萨科夫精神病（Korsakoff's psychosis）②这类情况下大脑皮层的变化。

和荣格在 20 世纪初刚刚涉足精神病学时相比，或许现在的精神病学研究倒是一个更受人尊重的职业，但这并非意味着荣格对所发生的这一切变化都表示赞同。使荣格对精神病学感到兴奋的是，要求医生在与病人的治疗关系中要有强烈的个人投入。但是，在最近几年里，针对病人进行的精神病学的访谈已越来越缺少，对病人的临床评价更多地依赖于使用测验、问卷、量表和小组讨论，而不是依赖于在医患之间关系的脉络中进行的传统的精神病学考察。另外，由于药物学和神经学研究的进步，人们常常把病人视为酶和神经循环的集合来对待，而他们的个人精神需要则往往受到忽视。

笛卡儿关于身心之间分离的二元论在整个 20 世纪一直有所反映，表现在精神病学(使用物理治疗)和心理治疗(用心灵治疗心灵)之间的分裂，并由此造成了相互之间的敌意和误解。心理治疗学家通过对大量的神经症患者的治疗而获益匪浅，而把可怜的精神病患者留给了精神病学家。在普通精神病学中，人们过分强调的仍然是其器质性的、行为的和社会学的方面，而心理疾病的心理学方面和精神方面则相对较少受到注意。

---

① 阿尔茨海默病，又称早老性痴呆症，是一种由于脑的神经细胞死亡而导致的神经性疾病。

② 科尔萨科夫精神病，是一种由于脑缺乏维生素 B1 引起的神经紊乱，其发作与慢性酗酒和严重营养不良有关，以俄罗斯神经精神病学家"Sergei Korsakoff"的名字命名。

人们非常期望，神经生理学的进一步发展能证明"机能性"精神病——精神分裂症和"躁狂—抑郁"性精神病——有器质方面的基础。当然，虽然这样做深受人们的欢迎，但也有严重危险，它将导致人们更加忽视病人的精神需要，精神病学研究将变得越来越具有还原论性质（reductionist）——就是说，它将寻求以遗传学和化学的语言来解释所有的欢乐和悲伤，解释人类生活的深刻洞见和非同寻常的鼓舞。

荣格则把所有这一切视为一种灾难。在他的一生中以及在他与病人接触的过程中，他把精神视为最主要的，他相信在心理健康与心理疾病之间存在某种连续性。我们在精神病患者身上所看到的东西，就是在精神病医生自己身上存在的那些过程的夸大——精神病学家当然认为他们自己是正常的了！

在20世纪70年代，一场信任危机使这一职业深受冲击，至今尚未完全恢复过来。许多开业医师至今仍然因为受到60年代那场反精神病学运动（anti-psychiatry）①的猛烈攻击而深感心灰意冷。这场运动对心理疾病的真正存在提出了质疑，把精神病学家诬蔑为导致这种状态的专制代理人。我认为，这种信任丧失的主要原因是，他

---

① 反精神病学运动是指，1967年英国精神病学家库珀撰文提到反精神病学这个概念，此后不久，这个概念便在欧美国家流行开来，形成了一种对精神病学进行批判的社会运动。这场运动的倡导者认为，疯狂并不是一种自然的实在，而是通过外在的政治、经济和文化需要进行界定的，因而是维护现存社会秩序的手段。所谓精神病和精神病患者根本不存在，所以精神病治疗也就没有存在的必要了。

们没有从根本上确立愿景（vision）——精神病学家普遍缺乏一种足以包括生物学和精神两个领域的观念。精神病学家不仅经常不能满足其病人的精神需要，而且他们也未能将其学科的认识论基础建立在我们人类产生于此的那个进化的天然地基上。在行为科学家的反达尔文主义的偏见威胁之下，以及担心受其医学界同事和从事外科手术的同事的轻视，精神病学家仍坚持他们视为神圣的医学模式，就像遭受船只失事的水手紧紧抓住一个救生筏一样。

所有这一切看起来是相当令人沮丧的，但我们很快就会看到援军的到来。虽然精神病学一直毫无生气，但它可能正在进入其历史上最令人激动的时期。之所以持这种乐观主义的观点，不只是因为药物学和神经科学取得了明显的进步，而是因为有一种更广泛的理论观点，正在被这一领域工作的某些最声名显赫的研究者采纳。在一个对荣格心理学造诣颇深的精神病学家看来，这些新的发展中最吸引人的和最有希望的因素，就是他们赞同原型假设具有最核心的重要性。

我相信现在正发生着一种巨大的范式转变，使我们超越了笛卡儿式学说中那种内在固有的二元分裂的医学模型①，转向一个全新的概念框架，它能对人类本性的基本成分进行界说，确定它们的进化起源及其基本的发展需要。由于原型假设对于心理事件和身体事件给予同样看待，人们就会用这种新的范式来纠正当代精神病学的

---

① 二元分裂的医学模型是把精神的东西和生理的东西区分开来的学说。

物质主义和没有灵魂的偏见。它还会使人们对心理病理学现象的发生和意义提供一种新的顿悟。我还是用一个故事来解释一下我说的是什么意思吧。和大多数故事不同，这个故事却恰好是真实的。

一、有两百万年历史的心理错乱

伦敦动物园里有一个混凝土制成的土丘，四周是一条深沟，这就是众所周知的猴山。它大约长 30 米、宽 18 米。1925 年，动物园管理者把 100 只来自北非或阿拉伯的狒狒放进这个可怜的不适合其生长的地方。园方期望它们能温顺地迁入新居并且使观众得到娱乐。但这些狒狒却并不领情。

狒狒本来是一个完全由雄性聚居的种群，但是，园方出于对它们某种程度的关心——这种关心被证明是导致下述活动的典型原因，有六只雌狒狒被包括进来。争夺控制权的恶斗便在这些雄狒狒之间发生了。恶斗持续了数月。两年之后，其中的 44 只狒狒死去了。直到这时，它们才建立了一种稳固的控制等级，一种好不容易才获得的和平占了上风。但是，这些不幸的生物似乎并不快活。在一种完全是误导的企图支配下，为了使它们快活起来，动物园管理者又在这个猴山上放进了 30 只雌狒狒。在一个月的时间里，这些雌狒狒中有 15 只被原来的雄狒狒在为了占有它们而进行的打斗中撕成了碎片。到 1930 年，只有 39 只雄性和 9 只雌性狒狒幸存下来，而且就在那一年，又有 3 只雄狒狒和 4 只雌狒狒被杀死了。[2]

对于这种狒狒的心理学应该怎样解释呢？难道它们是如此凶猛的野兽，以致不能控制激情，相互之间和平共处吗？这个物种究竟是怎样幸存下来的呢？为了回答这些问题，我们必须去询问习性学家（对那些在其自然栖息地生活的动物进行研究的生物学家）。他们研究了在狒狒经过进化而居住下来的那种环境中狒狒的生活。习性学家告诉我们，在不受束缚的情况下，狒狒生活在有良好秩序的社会群体中，这些社会群体是以稳固的控制等级为基础的；它们相互尊重对方的领土，而且一旦异性爱的结合形成，它们很少向这种结合挑战。

显然，猴山上的狒狒的行为是严重不正常的。那么，问题出在哪里呢？很简单，动物园要求它们生活的环境与它们基本的原型期待相反，使它受到巨大挫折。狒狒的习性——这一物种全部的原型天赋——预先假定要有大块的土地，使它们能够在这块土地上建立各自的领地，按照社会等级获取地位，而且，当它们成功地完成了这两件大事之后，就会选取一个雌性狒狒为妻。这 100 只狒狒组成的大军需要的不是这座猴山提供的 540 平方米的领地，而是在正常情况下需要 50 平方千米——50 000 平方米——的领地，是一块比这座猴山大 100 倍的地域。

在正常情况下，狒狒会形成强烈的群体忠诚，而对来自其他群落的陌生者则充满敌意。之所以猴山上的动物进行这种心理错乱般的凶猛搏斗，应归咎于下述事实，即这些狒狒是从不同的自然原始状态的群落中被捕获和聚集起来的，然后拥挤在雄性多雌性少，而且不可能置身于相互的领地之外的一块很小的土地上。因此，我们必然得出结论认为，这群悲惨的狒狒们被放置在动物园的环境中，构成了我所谓"原型意图受挫"（frustration of archetypal intent）。[3]其结果是严重的，而且显然这是一种心理错乱。

这个悲惨的故事虽然是一种比喻，但却可能会在另一种生物身上发生。这种生物经过进化而生活在东部非洲热带缺少树木的大草原上，属于智人中的智人（homo sapiens sapiens）①，当时他们被迫居住在德斯蒙德·莫里斯（Desmond Morris）②称之为人类动物园的那个城市聚居处。伦敦动物园里的狒狒们遭受的灾难在这个人类社会中发生了，这两者是可以直接类比的。他们被迫放弃了其传统的生活方式，而生活在与他们的生活习性完全相反的环境中，这个族群就是伊克族（the IK）。他们原本是乌干达的一个靠狩猎和采集为

---

① 智人中的智人，指所有物种中具有最高智慧的人类。一些研究认为，现代人种的发展起源于15万年前的非洲，其东迁过程始于10万年前，在4万～5万年前达到欧亚大陆。也有些观点认为，智人在5万～6.5万年前向近东地区扩散，世界上不同人种之间发生差异的年代不太久远。但也有人认为，现代人大约是在25万年前由散布在欧亚大陆地区的古智人发展而来，这样，世界上不同人种之间发生差异的年代就会推向更加久远的过去。但不论采用哪种观点，他们都认为，现代人在大约11万年前就已遍布全球。

② 德斯蒙德·莫里斯（1928—　　），英国动物学家、习性学家、人类行为观察研究专家，著有"裸猿"三部曲，即《裸猿》（The Naked Ape）、《人类动物园》（The Human Zoo）和《亲密行为》（Intimate Behaviour）。其中《人类动物园》以辛辣的笔触讲述了现代人的困境及其出路。他把现代人比作圈养在动物园里的动物。深刻揭示了现代人，尤其是城市现代人的生活困境：人口过剩、过分拥挤的生存空间等，所有这一切都与人的生物学特性产生严重背离，造成人类过分的压力和现代"都市病"。

生的族群，现在却被逐出了原本属于他们的 40 000 平方千米的区域，被安置在简陋的房间里居住，被迫学习耕种土地来维持生存。他们很快就变得灰心失落、抑郁、焦虑，而且生了病，对待子女和配偶，也表现出心理错乱般的冷漠。

诸如此类的证据向我们提供了一个心理错乱的模型。心理健康依赖于自然环境和社会环境，这些环境所提供的东西能够满足发展中个体的原型需要。当这些需要无法得到满足时，就会导致心理错乱。这种阐述往往会使人提出两个基本的问题：(1)发展中的个体的原型需要是什么？(2)什么样的自然环境和社会环境才能够保证这些需要的满足？在我看来，这似乎是心理学和精神病学在 21 世纪将不得不谈到的两个问题。对这些问题的回答将不得不根据达尔文生物学的神话来进行，因为达尔文生物进化论的神话是构成我们时代之根基的神话。如果心理学的解释与这种神话不相容，它就不可能有希望存在下去。当我讲述这一点的时候，我是把神话当作对人类起源的一种说明来谈论的，这种说明和这种神话浮现在意识中是与当时流行的知识一致的。

每一个生物有机体都有一种解剖结构和一整套完整的行为技能。这种技能是对该生物由此进化而来之环境(经过进化而逐渐适应的环境)的独特适应。在这种环境中个体有一种内在的期待，这种内在期待将使他们顺利地过上一辈子。环境中的任何改变都会对有机体产生重大后果。有些变化可能与生存相一致，而另一些变化则不一致。然而，有些变化虽然不会导致物种被消灭，却可能会使其通常的行为方式发生扭曲，这些扭曲可能最终会导致该物种的灭绝。

人类的多面性，以及与之相伴随的改革创新的复杂能力，已经导致人类现在居住的环境发生了戏剧般的转变，和非洲热带大草原的稳固特点相比，这些环境表现出惊人的多样性。我们是从非洲热带大草原里进化而来的，我们在那里度过了靠狩猎和采摘为生的绝大部分的生存时光。自然选择是由来已久的达尔文生物进化方式，但最近几百年来环境变化的速度确实已经远远超过了这种方式所能达到的发展速度。有些研究者希望精确地确定人类适应环境的特点究竟是怎样的，上述考虑却向这些研究者提出了质疑。但是，如果我们确实希望了解我们是以什么样的方式生存的生物，那我们就必须做出努力，因为我们的原始环境选择了原型倾向，由此而带来的挑战至今在人类中仍然存在。

我们的探究工作怎样才能进行呢？我们在进化中配备了一些原型规则，那么我们希望怎样确定这些原型规则的详细目录呢？一种可能性是研究那些在当今时代幸存下来的靠狩猎和采摘为生的群落的生活。例如，博茨瓦纳的昆纳族布须曼游牧部落的人（the Kung Bushmen）①劳伦斯·凡·德·普司特（Laurens van der Post）②对此

① 昆纳族是博茨瓦纳的一个民族，布须曼泛指非洲南部的民族部落，是由最早殖民非洲南部的荷兰人命名的，荷兰语是"Boschjesman"。布尔战争后非洲南部地区沦为英国殖民地，英国人将荷兰语改为英语的"Bushman"，意思是指"丛林人"、生活在灌木丛中的人。现在人们通常根据英语的发音将其称为布须曼人。

② 劳伦斯·凡·德·普司特（1906—1996），南非作家。他曾担任英国政府首脑的政治顾问，是英国查尔斯王子的好朋友，也是威廉王子的教父，著有多种影响深远的著作。他是一个自然资源保护论者，对推动自然资源保护运动做了大量工作。他对荣格心理学颇感兴趣，并在南非开普敦创建了一个荣格研究中心。

做了如此生动的描述。但是，我们怎样才能知道这些人就是（对他们进行研究时）我们过去经过进化而来的那种人呢？回答是，我们无法知道。如果物理学家在对物质微粒进行观察时，那些物质微粒会改变它们的行为。那么，当那些戴着眼镜、身穿宽松短裤的人类学家仔细地观察靠狩猎和采摘生存的人时，他们的行为很可能难以保持不受干扰。另外，在人类学家到达现场之前，我们也不可能知道有多少种现代生活方式已经开始对他们产生影响了。这只是一种假设，幸存下来的靠狩猎和采摘为生的人，过着比从事农业和畜牧业的人更接近原始人类状态的生活。但我认为，这是一个公正的假设。

还有没有其他信息来源呢？当我们把在全世界范围内关于文化普遍性的研究和我早先提出的规则共同使用时，就给人们提供了其价值不可估量的资料。就是说，每当人们发现，某种现象具有所有人类社会的共同特点，而不用考虑这种现象是在什么文化、种族或历史时代产生的时候，我们就可以说，这就是集体无意识原型的一种表现。

我们怎样才能知道，这些一致性是由于原型所致而不是由于文化传播所致呢？我们不可能知道。这两种因素都应该包括在内。但是，人们可能会产生这样一种偏见，那些更依赖于原型的特点比那些不太依赖于原型的特点更容易传播。当人们发现，可以用某种模式或特点，如与母亲的联结，为争夺控制权而斗争，或建造家园，来满足三套标准时，那么这种模式或特点就很可能是以原型为基础的。这三套标准就是普遍性、持续性和进化的稳固性。

（1）普遍性：这种模式本身在所有已知的文化群体中都可以发现。

（2）持续性：进化的记录表明，就我们所关注的这种模式而言，人类和其他哺乳动物物种之间并不存在明显差异。因此，母亲与婴幼儿之间、同伴之间、成熟的男性与女性之间的依恋行为不仅表现在人类身上，在灵长类动物身上也同样存在，甚至在最早期的哺乳动物身上也可追溯到其根源。习性学的主要突破就是想要证明，我们可以把这些行为模式整理出来，也可以采用与研究解剖结构的进化——骨头、肺和大脑——同样的方式来研究这些行为模式的进化。

（3）进化的稳固性：有些物种往往选择在进化上比较稳固的模式，由于经常做出这种同样的选择而受到处罚，最终导致这些物种被消灭。

既然我们主要是一种社会性动物，那么，我们所要界定的进化环境的最重要特点就是社会性特点。我们是从哪种群体演化而来的呢？尽管这很令人惊讶，但显然并没有多少人类学家对建立人类适应环境的基本社会参数表现出任何兴趣。一个勇敢的例外是罗宾·福克斯（Robin Fox）。他曾尝试对那种典型的靠狩猎和采摘为生的群落社会做出界定。他把这种社会称为基本状态。"这种基本状态最终要在哪里被发现呢？"福克斯问道。"答案很简单，就在旧石器时代末期，大约 1.5 万～4 万年以前。事情确实就这么简单。我们是经过全面的进化而形成的现代智人中的智人；我们已经达到了食物链的顶点——我们进化得比其他食肉动物要好得多。但此后我们却开始以惊人的速度走向歧途……"[4]

福克斯论证说，在旧石器时代早期，有机体、社会系统和环境之间存在着一种平衡。此时却发生了两件事情，扰乱了这种平衡：(1)冰河时代①，由于大量的人口涌入欧洲西南部、中东和亚洲的部分地区，从而增加了人口的密度；(2)农业和畜牧业的出现和发展。

这些发展所导致的经济改善和人口增加，又进一步促进了典型的文明社会特点的出现。例如，阶级、社会等级、权力精英、军队、帝国以及对附属民族的剥削。从那以后，"这些由此而产生的属性——社会科学家把这些属性作为他们的主题来把握——就一直和旧石器时代狩猎者的社会需要相冲突"。福克斯得出结论认为，我们的所谓历史就是这种冲突的产物，只不过记载的是最近期发生的事情而已。[5]

人种史资料记载了以狩猎和采摘为生的社会群落的生活，福克斯通过对现存的人种史资料的说明进行推断，认为在我们人类生活于其中的这些有机群体中，99.5%的群体是由 40～50 名个体组成的，约有 6～10 名成年男子，大约是生育孩子的女性数量的两倍，还有大约 20 名青少年和婴幼儿。这些就是"使有机体得到扩大的亲属群体"，而且他们构成了我们的那种所谓原型社会的东西。

当然，这类群体并不是孤立地发挥作用的。他们和其他类似的群体保持着经常性的联系——从而形成了人类的一些普遍礼仪。例

---

① 冰河时代(the ice age)，也称冰期、冰川期，在新生代的第四世。

如，问候、访问、设宴款待、建立联盟、通婚和发动战争。这些关系密切、得到扩展的群体，即由40～50名成员组成的亲属群体，相互之间都非常熟悉，并且分享着同样的价值观、规则、习惯和风俗，他们的信念是依靠神话、仪式和宗教来维持的。在所有这些成分中，家庭是核心的组织机构，不论它是一夫多妻、一夫一妻还是一妻多夫。

正是为了使我们能够生活在诸如此类的社会中，大自然才对我们进行了训练，使我们做好了准备。降生在当今这个世界上，竟然能够对这种体系产生强烈的震动，其原因就在于此。我们是经过进化而来到这个自然世界上的，我们每个人天生就具备的原型天赋，为我们在这个自然世界中度过我们人类的自然生命做好了准备。有一系列安排好的阶段，每一个阶段都以一套新的原型规则作为媒介，寻求在发展人格与行为的特征模式中得以实现。每一套规则都对环境提出了它自己的要求。如果环境不能满足这些要求，那么，一个明显的后果就是"原型意图受挫"（the frustration of archetypal intent）。例如，只有当一个像母亲那样的人在场时，或者受到其行为的激活时，婴儿与母亲的原型系统才能得到满足；只有当一个像父亲那样的人在场时，父亲的原型系统才能得到满足；而异性爱的原型系统则只有当一个合适的配偶在场时才能得到满足。如果这些人物中的任何一个都不在现场，那么，这种原型系统就会潜伏在无意识之中，其发展将会受到抑制或者遵循一种脱离常轨的过程。综上所述，人生的目的就是最大限度地实现原型计划。个性化就是对这种原型计划的尽可能有意识的实现。

现在，我们能够对心理治疗的一个基本原则进行界定了。当环境（要么部分地，要么完全地）未能满足发展中个体的一种（或多种）基本的原型需要时，就会使人产生心理错乱。据我所知，第一个提出这条原则的精神病学家是约翰·鲍尔比（John Bowlby）[①]。他指出，人是通过进化而适应了当前环境的，如果养育儿童的环境离这种

鲍尔比

适应了的环境越远，就越有可能形成心理变态。[6]

如果我们想要理解我们同时代的人所遭受的精神病态的心理失常，我们就不得不考虑，西方社会究竟是以什么方式使我们内心深处这个两百万岁的人——那个原始的男人或女人——的需要未能得到满足的。有许多可能性立刻涌上我们的心头：由于移民、工作流动性和城镇建设计划的实验等，使以群落为基础的亲属联系的纽带遭到破坏；由于离婚和分居，以及单亲家庭的迅速增多，导致家庭的瓦解；由于母亲出去工作而不能给儿童提供足够的安全和亲密的关怀；由于神话、仪式和宗教的丧失；由于缺乏与自然、

① 约翰·鲍尔比(1907—1990)，英国精神病学家、心理学家，也是精神分析学派的临床医生。他以首创母爱剥夺实验和依恋理论而闻名于世。

四季及原始环境的联系。所有这些因素都能潜在地导致压力、不安全感和规范缺失，导致人们心态的偏执或扭曲。各种各样的神经症、精神变态、药物（毒品）依赖，以及虐待儿童和配偶事件的出现，更不用说不断上升的犯罪了，似乎都和西方社会未能满足我们的原型需要有关系。

但是，我的意思并不是想说，我们的社会是一场十足的灾难。事实上，当现代环境开始满足自性（荣格用这个术语表示个体的全部原型禀赋）的基本需要时，它与原型环境的差别并非像人们可能想象的那样巨大。例如，身体需要穿衣保暖和摄入营养，这在西方社会比以往历史上任何时候都能更好地得到满足。父母、同伴和未来配偶的社会需要也在大多数人身上得到了满足。然而，这些基本需要未能得到满足的人的数量是相当多的，而且人数仍在增长，这确实就是在他们身上体现出来的精神病问题之源。

在大多数精神疾病中，一个关键的因素就是压力（stress，也可译为应激）。导致压力的可能原因在于，每个人都有原型需要，而环境往往不能满足这些需要，两者之间的差距越大，人的压力就越大，疾病就越严重。尽管许多深受压力之苦的人开始受到精神病学家的关注，但其中许多人，或许大多数人，并没有受到他们的关注；他们也不一定表现出精神病的征兆。荣格为了使自己全身心地投入研究之中，也为了从事私人的分析治疗实践，放弃了在医院里治疗精神病患者的工作。这时他注意到，来找他咨询的人，总的说来，并非患有所谓心理失常，也就是熟练的临床诊断很容易确诊的那种心理失常。相反，他们遭受的痛苦是，感到生活毫无目的和毫无意义。他开始把这种疾病视为 20 世纪一种典型的不适之症，称之为"我们时代的普遍的神经症"（the general neurosis of our age）。荣格毫不犹豫地把这种当代神经症归咎于，现代社会制度的出现使我们与我们的原型本性相疏离。世俗的城市生活使我们和无意识失去联系，而且"失去与无意识的联系实际上就是失去了本能，使人产生了无根之感"。[7]

这种洞见有一段漫长而又珍贵的来历。早在 18 世纪，丹尼斯·狄德罗（Denis Diderot）①就认为，文明的好处是以牺牲自然的幸福为代价而获得的。文明人生存下来，不可避免地会成为一种不幸福的生物。要想成为文明人，我们就不得不放弃我们的基本本能。这个主题被尼采（Friedrich Wilhelm Nietzsche）②

尼采

①　丹尼斯·狄德罗(1713—1784)，18 世纪法国唯物主义哲学家、美学家、文学家、教育家，也是法国百科全书派的代表人物，是世界上第一部《百科全书》的主编。

②　尼采(1844—1900)，德国哲学家，西方现代哲学的开创者、诗人和散文作家。尼采的哲学被称为"行动哲学"——一种声称要使人的要求和欲望得到最大限度发挥的哲学。尼采猛烈地批判基督教道德和现代理性，提出了将生命意志置于理性之上的非理性哲学。他还提出了超人哲学和唯意志论哲学。有学者认为，西方哲学以尼采为分界，尼采之前为传统哲学，尼采之后为传统哲学的解体。

采纳，并且在弗洛伊德的《文明及其缺憾》(*Civilization and Its Discontent*)，以及荣格的《寻求灵魂的现代人》(*Modern Man in Search of a Soul*)中得到了发展。伟大的习性学家康拉德·洛伦茨(Konrad Lorenz)①把我们的境况和已经被驯化了的野生物种——鸡、牛或猪——的境况做了比较，这些野生物种现在生活在一种完全人造的生存环境中，这种生存环境几乎不能满足其本能需求。我们已经看到，德斯蒙德·莫里斯把我们的命运同动物园里的动物的命运做了比较，这些动物因为被关在动物园里独自生活而失去了活力。

康拉德·洛伦茨

由于失去了我们人类的栖息地而使我们产生了失落感，可以

---

① 康拉德·洛伦茨(1903—1989)，奥地利比较心理学家，动物习性学的创始人。他因为研究个体和社会行为的构成和激发而于1973年获得诺贝尔生理学或医学奖。

解释为什么人类总是一次又一次地怀旧。这种怀旧不时地想要重新拥有原始的生活、原始的民族和原始的艺术——拥有让-雅克·卢梭（Jean-Jacques Rousseau）①所谓神圣的原始时代的生活。这是导致我们许多人对人类学如此着迷的主要动机之一。但是，我们不应该让它鼓励我们把靠狩猎和采摘为生的生活

让-雅克·卢梭

理想化，这种生活即便不是荒凉的，也常常会像托马斯·霍布斯（Thomas Hobbes）②所描述的那样——是龌龊的、野蛮的和短命的！

　　我还是用我自己临床经验中的一个例子来力证我所说的一切吧。这个例子说明，在面临原型意图严重受挫时，精神病学和荣格心理学是怎样把各种力量结合起来，以提高我们的洞察力、治愈心灵的伤痛和实现个体化的。

---

　　①　让-雅克·卢梭(1712—1778)，法国伟大的启蒙思想家、哲学家、教育家、文学家，也是 18 世纪法国大革命的思想先驱，启蒙运动最著名的代表人物之一。

　　②　托马斯·霍布斯(1588—1679)，英国政治家和唯物主义哲学家，英国经验主义心理学的早期代表。他提出"自然状态"和"国家起源说"，以其政论性著作《论人性》《利维坦》等著作而闻名。

二、"一个根本没有希望治愈的病例"

当詹妮弗（Jennifer）被她的家庭医生送到我这里来的时候，她才21岁。"我觉得，这恐怕是一个根本没有希望治愈的病例，"她的家庭医生在其介绍信中这样说，"但是，你或许能够为她提供某些帮助。"詹妮弗虽然长得很吸引人，聪明而且受过良好教育，但她从未有过男朋友，也没有工作。她和她的父亲住在一套伦敦式的大公寓里，她负责为父亲看守房子。当詹妮弗6岁时，她的母亲在一次车祸中身亡。我们在第一次面询时我就发现，她是一本会走路的心理病理学教科书。姑且先列举一下她的状况中一些最明显的特点吧，她患有焦虑、病态性恐惧、抑郁、执着强迫性神经症和精神分裂症。我将依次讲述一下这些症状。

焦虑：在我们最初的几次面询谈话中，她自始至终非常紧张和焦虑；她的皮肤苍白，身上渗出点点汗珠；她的手在微微发抖。

病态性恐惧：甚至在她母亲去世之前，她就是一个好紧张的孩子，害怕黑暗、怕水、怕很大的响声、怕动物、怕陌生人、怕有残疾的人或动物。她的母亲去世之后，她开始对所有新的环境都感到害怕。上学就是一种可怕的经历，当她10岁的时候，她完全变成了一个学校恐惧症患者，因此，她的父亲只好把她从学校领回去，安排了一个私人教师在家里为她辅导。在她来找我进行咨询时，虽然她的童年期恐惧症已经平息下来，但她却患上了幽闭恐惧症（claustrophobia）①。她不能使用电梯或搭乘地铁列车，也不能舒舒服服地坐在一个房间里，除非把门开着。在她接受治疗的第一年里，咨询室的门只好开着，用一卷《荣格全集》把门挡住，防止门关闭。

抑郁症：对抑郁症的诊断可以从以下这个事实推断出来，她表现出罪疚感和无价值感，甚至还想，要是她能鼓起勇气把自己杀掉才好。她对吃饭毫无兴趣，因此，瘦得就像一个长柄的耙子。每天早晨她还醒得很早，处在一种阴暗的绝望状态中。

执着强迫性神经症：她患有强迫症是显而易见的。她过去的生活一直耗费在清洁和擦洗上，她非常担心她可能会以某种方式弄脏她父亲的食物。她还受一些无法控制的突然冒出来的想法和意象的折磨，其中最经常出现的是想要刺伤她的父亲，尖声喊叫着对他进行猥亵。每当她离开公寓去商店买东西或者去寄信时，她总要花上一个多小时，检查一下煤气的开关是否关闭，所有的电器开关是否都处在关闭位置，所有器械的插头是否都已拔下来了，所有的窗户是否都已关闭并锁好，所有的门是否都已闩上。

精神分裂型人格：她极度内倾而且实际上断绝了与除她父亲之

---

① 幽闭恐惧症是神经症的一种，也称幽闭空间恐惧症，指进入狭小、黑暗的空间就感到恐惧，其症状是呼吸加快、心悸、面部因窒息而发红、流汗和眩晕。

外的所有人的联系。她用一种富有幻想的生活来补偿这种脱离社会的孤独，而且还撰写了一些非常浪漫的神话故事，在编造的这些故事中经常有一些手淫行为。

在我们的第一阶段面询即将结束时，我得出的结论是，除非使其症状的严重程度减轻，否则就不可能通过心理分析使她的病情有所好转。因此，我开了一种抗抑郁的药和一种镇静性药物，并安排每周2小时为她进行心理治疗。我选择的抗抑郁药是氯丙咪嗪制剂（氯丙咪嗪盐酸化物）①，对于那种因强迫性复合症状而使病情变得很复杂的抑郁症来说，这是一种对治疗有特殊疗效的三环类抗抑郁药，当时5-羟色胺抗抑郁药尚未使用。

当她来第二次面询的时候，迟到了4.5小时。原来是发生了这样的事：在她到和我第一次约定的地点去的路上（正如她后来所承认的，她怀着一种极其担心的恐惧预期了这次面询），她计算了从她父亲的寓所到我的咨询室所走的步数，一共是2452步。在她第二次来访的路上，她认为她必须走完全同样的步数。她用了0.5小时就到了，但却走了2498步。于是她只好乘出租车回到家里又重新开始，这次她走了2475步。于是她不得不又回到家里。她走了四次才算走对，而且她到达咨询室时，处在一种极度焦虑不安的状态中。

在她的人生历程中最关键的因素是，她过早地失去了母亲，结

---

① 氯丙咪嗪制剂是一种三环类抗抑郁药。其作用机理是抑制神经元对去甲肾上腺素和5-羟色胺的再摄取，能加强肾上腺素和去甲肾上腺素的升压作用。

果与其父亲形成了一种唯一的关系，她的父亲是一个在事业上取得了巨大成功，但在情绪上却很不稳定的律师。毫无疑问，他对她很关心，但也像暴君似的把她视为己有，而且无法预测地动辄大发雷霆，她仿佛被一个强有力的恶魔控制着一样。她之所以表现出一些强迫性的礼仪行为，部分的原因就是通过这些赎罪的行为而防止他发怒。同时，她害怕把他杀死，这种恐惧感是她自己对想要杀死他的感受的一种反向作用（reaction formation）①。她之所以会患上抑郁症和产生个人无价值感，是因为她的父亲使她感到自己长期以来做得很不适当，她不能有悖于这种意象，即她认为父亲想要她成为的那种女儿。

她对我的害怕以及来看我时必须数步数的行为，是把她对父亲的心象转移到我身上，也是把萨满教、医生和治疗者的原型转移到我身上。[8]她之所以必须要数步数，是把这种礼仪行为作为谋求获得我的好感的一种手段，以保证我在对她进行治疗期间不会对她发怒。门必须开着也是为了同样的理由：如果魔鬼在我身上发挥了作用，这就能保证她迅速地跑出去。

对于以后约定的时间，我允许她在这一天可以迟到 1 小时，这样她就能进行数步数的仪式并且按时到我这里来了。此后的一段时间里她对此做得相当不错，尽管她经常不得不跳过最后的二三十

---

① 反向作用是一种心理防御机制，指个体为了防止自己内心深处有威胁性或危险性的欲望、冲动表达出来，于是把这些冲动和想法用相反的行为表现出来，以此来掩饰和压制内心的欲望。

步，这使过路的行人感到很滑稽。

在服用了氯米帕明（Anafranil）①三个星期之后，她的抑郁症开始消失。又过了一个星期，她能乘坐出租车来看我了，这样就不必数步子了。在这种情况下，传统的精神病学家很可能会把她的诊疗时间减少为每月一次，而我却把它增加到每周三次。随着她的严重失能症状的减退，分析就可以开始了。

在詹妮弗的个人病史中，是什么样的原型规则曾经受到挫折呢？要求任何一个在6岁时便失去了母亲的孩子泰然处之、安然无恙，这也实在是太难了。这个悲惨的现实不仅使詹妮弗不能从母亲的爱中获得丰富的营养，而且使她失去了一个女性的角色榜样，使她无法成长为一个成熟的女人。这也给她留下了一个尚未解除的伊莱克特拉情结（Electra complex）②，使她除了其父亲之外无法与任何男人建立联系。

由于家庭联系网络无法得到扩展，这进一步增强了她对其父亲唯一的依赖。她有一个祖母住在爱尔兰南部，一个姑姑在苏格兰北部，一个表兄在洛杉矶，另一个表兄在澳大利亚西部的珀斯。她在伦敦没有朋友或熟人。在她的生活中缺乏亲属关系的力比多和社会

---

① 氯米帕明是氯丙咪嗪药剂的商品名称。

② 伊莱克特拉情结又称恋父情结。古希腊神话中伊莱克特拉是阿伽门农（Agamemnon）和克吕泰墨斯特拉（Clytemnestra）的女儿。阿伽门农是特洛伊战争中希腊军队的统帅，在战争结束后回到家乡，却被妻子及其情人埃癸斯托斯（Aegisthus）杀害。为了给父亲报仇，伊莱克特拉引诱其弟弟杀死了母亲和她的情人。伊莱克特拉情结是指女儿对父亲过分地依赖而导致的一种心理病态。

情感，你完全可以这样说，而不必担心有什么矛盾之处。在儿童时期没有兄弟姐妹和同伴，对她产生精神分裂症的退缩行为有很大影响，使她没有机会与同伴建立联系和共同游戏，从而对其情绪自发性和社交技能的发展造成了障碍。另外，她也没有饲养动物（她父亲因为嫌脏而不允许饲养动物），和大自然也没有联系（她很少离开伦敦），甚至和宗教也没有联系（她父亲是个无神论者）。她唯一的快乐就是她的幻想生活和音乐（她是一个很不错的钢琴演奏者，她的父亲收集了很多演奏的录音）。

埃里克·埃里克森

由于原型意图受到的这些挫折，导致她的发展出现了严重偏差。她母亲的去世不仅使她有了一种预先倾向，很容易患上抑郁症，使她无法发展埃里克·埃里克森（Erik Erikson）①所谓同一性形成（identity formation），因而她被牢牢地束缚在父女关系之中。[9]

为什么当她到了 20 多岁时她的症状会变得特别糟糕呢？因为这个年龄是求爱、结婚、获得社会地位，以及

---

① 埃里克·埃里克森(1902—1994)，德裔美国心理学家。他出生在德国法兰克福，但父母都是丹麦人。他于 1939 年迁居美国，先后在加利福尼亚大学、匹茨堡大学和哈佛医学院担任心理学教授、人类发展学教授等。他提出的自我同一性概念和人格发展的八阶段理论在学术界影响深远。

在现代社会中找到一份工作的原型阶段。所有这一切她都未能得到，她甚至也未曾尝试过，但是，想要实现所有这些潜能的自性的压力却在不断增长，而且她还不得不付出一些东西。其结果便导致了这一系列可怕的复合症状的出现。

三、症状的心理生物学

关于她的症状的本质，心理生物学能够告诉我们什么呢？我们怎样才能把这些症状与詹妮弗心灵深处的那个两百万岁的人联系起来呢？我们还是再来看看每一种症状吧。

焦虑：在当前这个世纪的发展历程中，流行的观念认为焦虑是神经症，适应良好的人决不会受焦虑之苦。这当然是胡说八道。焦虑是一种自然的和普遍的体验，人类和所有哺乳动物都会产生焦虑。既然它是普遍存在的，就必然具有某种生物学的功能，否则它就不会进化了，至少也不会留存至今了。那么，焦虑的生物学功能究竟是什

伊万·巴甫洛夫

么呢？

　　焦虑是某种形式的警惕性。生活在这个危险的世界上，有机体必须对环境变化保持警觉，这样才能做好准备以应对任何可能出现的紧急情况：伊万·巴甫洛夫(Ivan Pavlov)①认为这种警惕性是一种反射(reflex)，他称之为"这是什么"反射。警惕或"这是什么"反射并不一定会引起焦虑。警惕只是对环境中可能发生的变化的一种警觉。当人们觉察到可能有某种威胁或危险时，警惕就会转变为焦虑。焦虑的实际体验与某些生理变化直接关联，以便使身体做好抵御暴力行为的准备。心率增加、血压上升、肾上腺素分泌增多，能量储存在肝部被动员起来并且被释放到血流中去，血液从内部器官进行重新分布，以便把氧和能量带到肌肉和大脑。同时，甲状腺受到焦虑的刺激以增加身体新陈代谢的效能。开始出现呼吸困难，用于暴力行动的大肌肉处于最高效能状态。红细胞从脾脏中被释放出来以增强血液携带氧气的能力。毛发卵泡囊基部的小肌肉收缩，形成一些像鸡皮疙瘩似的丘疹，使毛发根部竖立起来，汗腺大量分泌等。所有这些变化都是由交感神经系统的活动引起的，其功能旨在使有机体做好进行凶猛的战斗或拼命跑——战斗或逃跑反应——的准备。

　　因此，在进化适应的环境中，警惕和焦虑对生存来说都是至关

---

　　① 巴甫洛夫(1849—1936)，俄国生理学家、心理学家、高级神经活动学说的创始人。他通过对狗的唾液分泌实验，提出著名的经典性条件反射学说。1904 年因为其对消化系统的研究而获得诺贝尔生理学奖。其条件反射理论对后来的美国行为主义产生了重大影响，被视为行为主义心理学思想的先驱。

重要的。但是，在现代世界它们可能被夸大了，或者不适宜了。当焦虑被夸大或不适宜并且存留下来时，它就变成了一种使精神病学家感兴趣——也使医药工业（及其股东）感兴趣——的症状。对于心理病理学来说，关键的问题是，原本是一种自然的心理生理反应（焦虑），为什么会被夸大成为一种留存至今的、不合时宜的神经症状态（焦虑神经症）呢？

关于这个问题，有许多理论观点，其中最有影响的是弗洛伊德的观点。他把神经症看成是儿童早期的创伤性经验的直接结果。这当然符合詹妮弗的病例。生活残酷地使她失去了母亲，使她很小就因为没有了母亲而无法幸福地生存下去，而且当她需要同伴的时候，生活也没有给她提供同伴。

与母亲分离或者失去母亲的后果受到了来自英国的精神分析学家鲍尔比、费尔贝恩（William Ronald Dodds Fairbairn）①和温尼科特（D. W. Winnicott）②[10]的特别注意。尤其是鲍尔比，他小心翼翼

---

① 费尔贝恩（1889—1964），英国精神分析学家，精神分析独立团体理论的构建者之一。当克莱因和安娜·弗洛伊德两派激烈争论谁是精神分析学派的正宗之时，费尔贝恩并未盲目趋同某一学派，他建立的中间团体既不认同克莱因的对象—关系理论，也不赞同安娜·弗洛伊德的儿童精神分析理论，而是更强调人际关系的作用。

② 温尼科特（1896—1971），英国精神分析学家。和费尔贝恩一样，温尼科特也站在中间立场，对克莱因和安娜·弗洛伊德的观点采取不偏不倚的态度。当第二次世界大战结束时，英国精神分析学派之争终告停息，形成了三个新精神分析学派，这就是以克莱因为代表的对象—关系学派，以安娜·弗洛伊德为代表的儿童精神分析学派和以费尔贝恩及温尼科特为代表的中间学派。其观点主要阐释亲子之间的交互作用是怎样滋养或阻碍儿童心理发展的。

威廉·罗纳德·费尔贝恩

唐纳德·W. 温尼科特

地把他的研究建立在习性学基础上。正是由于这个原因，即便是在今后的许多年里，他阐述的论点对我们仍将有指导作用。在鲍尔比的全部研究中，他始终坚持一个基本的观点——儿童正在成长中的需要和环境中流行的条件不一致，这就很容易引起神经症。当鲍尔比还健在时，我曾在伦敦发表了一篇论文，把鲍尔比的观点和荣格的观点做了比较。在此后的讨论中他承认，他接受了荣格的论点：当儿童内心深处所表露出来的原型计划没有与环境中相对应的适当人物和情境相遇时，儿童就容易患上神经症。他基本上同意这种主张，即神经症焦虑产生于原型意图受到挫折。而且在我看来，这个原因才是引起儿童期、青少年期和以后生活中的精神病障碍的原因，而不是在婴幼儿时期所造成的任何独特的创伤。

恐惧症：精神病学对不确定性焦虑（free-floating anxiety）和恐惧性焦虑（phobic anxiety）做了区分，不确定性焦虑可能是由许多不同的情境引起的，恐惧性焦虑则是某种情境所特有的，如身处有限的空间、毫无遮盖的开放空间和高空，或看见蛇、蜘蛛、捕食的野兽、陌生人等。就我们探讨的这个主题来说，最使我们感兴趣的是，当我们对现代社会的男男女女所遭受的各种恐惧症进行详细考察时发现，这些恐惧症的根源却不是现代的。它们都是被夸大了的对物体、动物或情境的恐惧，这些物体、动物或情境原本是在进化适应的环境中对生命具有潜在威胁的东西。

这个至关重要的观点在精神病学的教科书中却总是被人们忽略，这很可能是因为，直到你考虑到它的时候，它才成为显而易见的。无论是在动物中还是在人类身上，引起逃跑、退缩或其他恐惧表现的条件本身并不一定是危险的，但是，当你仔细考虑它们时，事情就会一目了然，它们和实际上对生命或肢体有危害作用的情境有关，即便这种关系只是间接的。正如鲍尔比所说：

在包括人在内的大量的动物物种中，引起惊恐和退缩的主要条件只不过是陌生。其他条件还包括巨大的响声，以及迅速扩展或接近自己的物体，此外还有黑暗，某些物种的动物确实很怕黑，尽管有些动物并不怕黑。还有一种便是孤独。

现在已经很显然，这些刺激情境本身并没有什么危险。但是，当我们戴上进化论的眼镜来观看时，它们在促进生存方面的作用就不难发现了。响声、陌生、迅速接近、孤独，还有黑暗对许多物种来说——都与日益增加的危险有关，这是有统计数据可查的。[11]

以恐惧来应对这类常见的刺激情境，这种反应倾向应归咎于遗传基因的偏见，这些偏见具有生存的价值。从这个意义上说，它们使个体做好准备以迎接真正的危险。这些偏见的存在可以解释，在现代文明环境中，恐惧怎么能够在实际上并不危险的各种情境中引发出来。所以，当人们发现自己处在一个封闭的空间里，如电梯或一列地铁列车里，就会表现出惊慌的恐惧；当知觉到自己处在高空中，意识到一个人完全孤独地处在黑暗之中时，人就会做出恐怖的反应，对适应正常的人来说，这些反应可能很荒唐可笑，但是从生物学的观点来看，这可以理解为是古代反应模式的表现。个体反应的对象是自然的线索或信号刺激，这些线索或刺激与进化适应环境中危险有共同的联系。这些线索常常并不表示任何危险，但事实却是，它们在过去确实代表某种威胁。因此，个体谨慎地或恐惧地对它们做出反应，并非完全是不适宜的，从原则上讲，保证安全要比经历危险后的遗憾好得多。

现在病人所选定的恐惧症的形式通常充满了象征意义。你可以回忆一下，詹妮弗的恐惧症就是对有限的空间感到恐惧。显而易见，幽闭恐惧症就是对所有哺乳动物所共有的自然反应的一种夸张。例如，当哺乳动物被围困在一个封闭的地方并且失去了所有逃生的手段时，就必然会表现出幽闭恐惧症。因此，我们在临床实践中发现，在那些把家体验为令人窒息的地方、把父母体验为压迫者的人们身上，幽闭恐惧症是经常出现的，这一点也不奇怪。广场恐惧症患者把外部世界体验为有威胁的世界，只有在家里才感到安全；对幽闭恐惧症患者来说，正是家才引起了焦虑，因而有一种强烈的欲望，想要逃离家所代表的有威胁的封闭环境。就其特点而言，幽闭恐惧症患者想要逃避的不仅是自然封闭的环境，而且想要逃避社会角色的囚禁，尽管没有任何逃避的手段。其结果是，他们认为把自己托付给他人，如结婚和工作，实在是太危险了，不能去冒这样的风险。这正是詹妮弗开始接受分析时所处的境况。

抑郁症：易患抑郁症的人通常是那些在儿童时期有如下经历的人。例如，失去父母、被父母抛弃或被人忽略的人。当个体因为其原型需要受到某种新的挫折时，抑郁的疾病便有复发的可能。个体往往把这种新的挫折体验为，是儿童时期原始的抑郁体验或挫折体验的重演。心理分析可以揭示这种最初的挫折体验的性质，并且指出在治疗的其他时间段还需要进行什么样的心理分析。

和焦虑一样，抑郁症也是人类和所有哺乳动物共有的一种自然而又普遍的体验，因此，它必定是一种有益于生存的生物学条件。它可能具有什么样的功能呢？总的来说，抑郁症看起来是对丧失或剥夺的一种适应性反应。例如，当幼小的哺乳动物被迫与其母亲分离时，以及当生活在组织等级森严的群体中的个体被剥夺了社会等级中的地位时，就会出现这种反应。那么，这种状况是怎样对生存产生影响的呢？失去了母亲之后，以及在最初通过哭泣来寻求保护未能奏效之后，感到抑郁的婴儿就会直挺挺地躺着，寂寞无声地等待着，保存着身体的能量，避免受到其他食肉动物的注意。动物只有通过这种策略才能存活下来，直到和它的母亲重新相聚或者被一个代理的父母所收养，这种行为是受动物的抑郁状态驱使的。同样，当个体的地位丧失时，做出抑郁反应就能使受到降级的个体消极地适应较低级的地位，从而避免受到撤换他的那个更有权力的人的攻击。反之，这样做又促进了和平和社会的内聚力。[12]因此，抑郁症和哺乳动物普遍采用的屈从策略有关，而与其相反的躁狂症（mania）则和支配与控制策略有关。这样，躁狂性抑郁症便不可避免地和支配—屈从的原型系统联系在一起，也和与它有关的系统——攻击和防御——联系在一起了。在詹妮弗的病例中，她的抑郁症和她屈从于其父亲的控制有关，也和她感受到她没有能力在这个世界上取得成功有关。

执着强迫性神经症：执着强迫性行为是人们需要对那些具有潜在危险的事件、物体、人、思想、情感、冲动或情境进行控制时而产生的副产品。它通常和一些力量强大的情绪有关，尤其是和恐惧、愤怒及罪恶感有关。和焦虑、抑郁及愤怒一样，罪恶感是所有社会性动物都很容易产生的一种情绪。它演化成为一种适应装置，旨在保持社会秩序和同质性。和焦虑一样，它也可以被夸大，并成为神经症疾病的症状。这种情况在强迫性神经症的病例中表现得最明显。被夸大了的罪恶感和执着强迫性行为更有可能出现在受理性

（Logos）①原则支配的家庭中，最不可能出现在受爱欲（Eros）②支配的家庭中。

罪恶感往往是由那些违反道德权威的思想、情感和活动引起的，这种道德权威是个体在成长过程中一直尊重的，或者是以道德情结的形式，即弗洛伊德所谓超我（superego）③的父权和母权，而得到内化的。罪恶感和执着强迫性神经症在那些把权威内化了的人身上更明显。这些人之所以会把权威内化，是由于恐惧而不是由于爱。通常情况下，那些在恐惧中成长起来的人对权威怀恨在心并且希望公然反抗它，尽管他们表面上可能非常赞同这些权威的价值观。其结果，挑战的欲望和必须屈从之间的冲突就像一团火在他们心中燃烧。被封锁在这种冲突之中，病人往往觉得自己不得不考虑或做一些事情，这些事情与其意识人格无关。詹妮弗的强迫症就是以这种方式表现出来的，她想要杀死自己的父亲，这就迫使她采用各种方式的仪式，以阻止这些想法达成其目标。另外，就其疾病的根源和严重性而言，她的情况应归因于下述事实，即她父亲本人就具有某种执着强迫性人格。

---

① 理性，也可译为逻各斯，指按照理性逻辑办事。
② 爱欲，也可译为爱洛斯，指受本能欲望支配，喜欢为所欲为。在弗洛伊德精神分析理论中其主要指被压抑的本我中的性本能。
③ 超我是弗洛伊德精神分析理论中的人格三结构成分（本我、自我和超我）之一。超我是从自我中分化出来的，负责对自我进行监督。超我按照至善原则办事，监督自我、限制本我的本能冲动。超我的监督作用有自我理想和良心两种形式。当儿童的行为符合父母的道德标准时，父母就会给予奖励，儿童就会形成自我理想；当儿童的行为违背父母的道德标准时，父母就会给予惩罚，儿童就会形成良心。

由于经常担心事情可能会失去控制，有强迫症的人往往受某种强迫性欲望的驱使，想要对事件和人进行控制。使他们感到无法容忍的是那些自然发生的、偶然发生的或不可预料的事情。在查尔斯·里克罗夫特（Charles Rycroft）①的《焦虑与神经症》（*Anxiety and Neurosis*）一书中，他描述了强迫症患者对自己的情绪所采取的态度以及对他们周围的人的态度。这些周围的人使人联想到支配外国人和控制潜在反抗者的殖民地总督，或者就像一个动物占有了某一块领地，它在这块领地上具有了绝对的征服力量和统治权。他们要对付的是所有那些自发倾向，所有未经检查的情绪，仿佛这些倾向和情绪就是危险的入侵者。就是说，他们还要继续进行攻击，要么把入侵者驱逐出去，要么强迫他们服从。

　　当入侵者是与自性非常疏远的一部分时，分析者就会把攻击视为压抑。这种论述有助于我们理解，为什么阴影（shadow）②对患有强迫症的人特别有威胁。在粗暴的打击之下，阴影不得不因害怕而屈从，唯恐事情可能会失去控制。这个事实虽然很简单，但给我设

---

　　① 查尔斯·里克罗夫特（1914—1998），英国精神分析学家和精神病学家。为解决克莱因和安娜·弗洛伊德之间的学派冲突，他和费尔贝恩及温尼科特一起建立了伦敦精神分析学派的"中间学派"，成为该学派的心理治疗师。他对精神分析的贡献主要是对梦做了不同于弗洛伊德的新解释。
　　② 阴影是荣格分析心理学中的一个重要概念，是集体无意识的主要原型之一，指我们内心深处隐藏的一些阴暗的东西，不为外界所接受，也不易被外人察觉。它起源于人的生存与繁育、征服欲、占有等本能欲望。但是，阴影并不都是不符合社会需要的，只是暂时不能被现实社会所接受。本能、欲望和冲动既能把人引向罪恶和毁灭，也能转化为创造的动力。

置了最难以克服的障碍，使我在詹妮弗的病例中无法得到成功的结果。要不是因为氯丙咪嗪制剂所提供的药物帮助，我真的不相信我已经获得了成功。

精神分裂人格：人们经常认为，精神分裂人格不会引起抑郁症。因为这些人格太分裂了，是不可能产生抑郁的。其实，我认识许多患有精神分裂的人，他们也患有抑郁症。当遇到这种情况时，我把它看作一种积极的预兆——这些人虽然远离现实，但分离得并非如此遥远，以致和他们生活中所发生的事情无关。这当然符合詹妮弗的病例。

人们为什么会患上精神分裂症呢？部分原因是，这是对基本社会需要没有得到满足的一种反应，但是它也可能和一种先天的内倾性有关。患精神分裂症的人通常有这样的父母，这些父母要么在自己的童年时代没有度过关键期，要么对孩子根本不予关心，认为孩子是可以自行成长的人。这样的父母似乎忽略了这个事实，即他们的孩子也有自己的思想和情感；这样的父母往往像对待玩具娃娃一样来对待孩子，用他们认为最方便的方式把孩子随意地拿起、放下，放在托儿所或幼儿园里便完事大吉。结果，孩子长大后对所有的人际关系都不信任，觉得别人永远也不会考虑自己的需要和愿望。在这些情况下，最实际的策略就是，决定远离他人，退回到自己的内心世界之中。精神分裂症患者从社会生活中退缩到专注自我的内倾性格，就是因为那些与社会发展有关的原型规则一再受到挫折，而做出一种恰当的反应。这正是发生在詹妮弗身上的事情。

关闭在孤独的自性城堡中，集体无意识原型会发生什么情况呢？它们可能会作为无意识潜能而保持在潜在状态，它们可能会表现在梦和幻想之中，或者它们也可能会被体验为有威胁的症状——那些令人感到恐惧的事物，以及那些只要有可能就会受到控制、否认或压抑的东西。后一种情况是最危险的，因为被压抑的原型成分会被投射出去，投射到环境中的一些人身上，而且"那条路正是疯子的必经之路"。在对詹妮弗进行治疗的初期，我警觉地发现，这种情况已经开始在她身上出现，而且变成了移情（transference）①。她用妄想狂的敏感性对我说出的那些最纯真的话做出反应，有时候她甚至不能忍受我看她。就像她的幽闭恐惧症使她不能乘坐地铁列车出行一样，她的妄想狂的敏感性也使她不能乘坐公共汽车。她觉得人们都在看她、评论她或嘲笑她。

对精神分裂人格和精神分裂症患者来说，这种异常的自我意识都很常见。害怕被人看或被人凝视，就是害怕自己的防御被人看穿，害怕被人从自己的内部城堡中赶出去。眼睛是精神分裂人格最常见的特征之一。我们怎样把这种现象和我们在进化上的遗产联系起来呢？习性学研究已经发现，凝视和视觉注意在所有的社会性哺

①　移情是弗洛伊德精神分析学说的主要概念之一。在来访者身上产生的移情主要指在运用催眠术和自由联想法进行的精神分析过程中，来访者对分析师产生的一种强烈的情感，实际上指的是来访者把过去对某些重要人物的情感投射到分析师身上的结果。反之，咨询师对来访者也会产生移情，被称为反移情，实际上是咨询师的一种自我防御，对心理咨询过程会产生阻碍。

乳动物①中都是非常重要的。一个占统治地位的动物在社会等级层次中的地位越高，该社会中那些不太占统治地位的成员对统治者的凝视就越多，就越注意统治者的需要。占统治地位的动物把这种注意当作合法的应得权益来接受，因而对此泰然受之。但是，如果一个不占统治地位的动物被一个占统治地位的动物凝视，不占统治地位的动物就会把它体验为一种惊恐和威胁。一个占统治地位的动物的凝视通常是一种责备，而且具有攻击性意图。[13]

在人类社会中情况也同样如此。国王、女王、总统、总理、影视界名人和流行音乐明星都很愿意被人看和注意。他们通常会因这种仔细观看而感到很荣耀。但是，一个地位很低的人受到凝视，或者一个低自尊感的人受到凝视，就会把这种凝视体验为威胁和一种警告。由于这个原因，对于一个精神分裂症样的病人或精神分裂症患者来说，他的自尊心总是会受到伤害，不喜欢被人凝视便成为哺乳动物的一种正常反应了。

凝视还有另一个原型成分，那就是食肉动物的原型成分。食肉动物的眼睛一眨也不眨地、怀着强烈的迷恋凝视着它们要捕食的动物。人也会埋伏下来等待着对潜在的牺牲品实施攻击，所以，人也是以完全相同的方式采取行动的。凝视是敌人原型的一个原始特

_____

① 社会性哺乳动物是一种具有高度社会化组织的哺乳动物。这类动物具有以下特征：第一是具有脑结构、恒温系统和循环系统，在社会群体中也具有等级层次；第二是能为胎生的后代哺乳、有毛囊和汗腺；第三是哺育和照顾后代，这个任务通常由雌性动物担任，有些哺乳动物中的雄性或其他成员也会合作照顾幼体。一般来说，植食性动物比肉食动物表现出更多的社会化倾向。人类也属于社会性哺乳动物。

征。因此，被人观看、与他人有所不同或者把注意力吸引到自己身上来，就会产生焦虑，对此有一些生物学上的东西可与之相类比。伪装毕竟是在整个自然界都显而易见的一种防御机制。易受攻击的个体常常通过使自己和自然景色融为一体，使自己不会被察觉到，从而保护自己免受攻击，这就是对与众不同感到害怕的根本原因。

之所以说精神分裂现象是我们能够很容易理解的一种现象，是因为在某种意义上说，在我们的文化中任何受到过相当良好教育的人都可以被说成是具有精神分裂症的倾向。300多年前科学学科的出现，教会了我们把自己和外部世界分离开来，以便客观地和不带偏见地看待它。确实，哲学家的洞察力曾使科学的方法成为可能，但哲学家本人却具有精神分裂人格。[14]勒内·笛卡儿教导我们，要使世界非人化并且把我们的心灵和身体分离开来。在此之前，我们很可能倾向于使物质世界拟人化，把人类的意图强加于所有的存在之中，当今时代的孩子们仍然在接受这样的教诲，直到成人把他们教育成不再是孩子为止。

在治疗精神分裂症患者时，关键的问题是：（1）这个人已经退缩到城堡中有多远了？（2）自我在多大程度上既成功地保持了与外部现实某种联系，同时又成功地与自性建立了某种创造性联系？幸运的是，在詹妮弗的病例中，她还没有退缩到如此之远，以致不能形成某种治疗关系。另外，她的丰富的幻想生活意味着，她和自性建立了创造性的联系，而且我能够把这种联系动员起来，使之在心理分析中得到应用。这可不是一次轻松的骑马旅行。还没等到她开始信任我，她便对我产生了一种带有强烈焦虑的依恋。她经常体验到在面询结束时难以离去。我不得不在周末和假日里应对她可能出现的自杀威胁，她编造了一系列仪式，每次当她离开我的咨询室时，她都要进行这些仪式，以保证我在她下一次回来时仍然对她有很好的安排。

作为她的分析医生，我的责任是什么呢？对这些问题，我基本上是这样认为的：（1）使她的症状较少发作；（2）成为一个好父亲，希望她长大并且承担起成人应该承担的任务；（3）动员自性中的个体化原则；（4）鼓励她离开家、找份工作、不再依赖她的父亲，并且开始依靠自己独立生存下去。最后，当这些目标达到时，我认为条件已经基本具备，可以把她推荐给一位女分析学家了，这位女分析学家能够帮助她肯定她与女性原则的同一性，并把她自己当作一个女人来体验。

那么，这个雄心勃勃的治疗计划达到目的了吗？在一定程度上我可以欣慰地说，目的达到了。她花费了三年的时间才能够离开她的父亲，建造了属于她自己的房子，并且在一个医生的诊所里找到了一份接待员的工作。一年以后，我把她推荐给一位女分析学家。此后又过了一年，她和一位出版商结了婚。所有这一切都是很久以前的事了。但是，当我最近和她联系，请求她允许我使用她的病史，当然对这些病史要进行适当的伪装，这时她看起来很健康和幸福。她有两个处在青少年时期的孩子，在一家动物福利机构工作，是一个素食主义者和佛教徒，仍然和 15 年前结婚的那个男人在一起——在当今时代这可是很不平凡的业绩啊！

但是，我必须以临床诚实的名义宣布，这个病例的成功既依赖于心理分析，也依赖于使用氯丙咪嗪制剂。执着强迫症病人是最难分析的，尤其是当他们处于抑郁状态或者有精神分裂人格时就更难分析了。如果没有药物方面的帮助，分析很可能不会获得成功。因为我们很可能会深深地陷入他们那令人震惊的症状之中无法自拔。但是，如果我只是扮演一个精神病学家的角色，满足于消除她的症状，那么，她完全有可能仍然和她那年迈的父亲一起困在家里，她的个性化也不会有更多的进展。

我以如此长的篇幅讨论了这个病例，因为它阐明了原型意图的挫折究竟是怎样导致严重心理变态的，也阐明了使用传统的精神病评价和治疗是怎样与荣格式的分析结合起来以促进治愈的。

四、心理动力学的五条法则

现在是我们提出心理动力学（psychodynamics）①的五条法则的时候了。

第一条法则：每当我们发现，某种现象具有所有人类社会的共同特点，而不必考虑文化、种族或历史时代时，那么，这种现象就

---

① 心理动力学是精神分析心理学的一个别称，又名精神动力学，其主要观点是相信人的行为是受强大的内部力量支配和驱使的，尤其是受遗传的本能和生物内驱力驱使，为了解决人体的需要与社会要求之间的冲突，人必须通过行为来满足需要。当需要得到满足时，人的内驱力就会降低，而当需要尚未满足时，人的内心世界就充满了渴望得到满足的动力，长期得不到满足，就会使人产生心理疾病。

是集体无意识原型的表现。

第二条法则：原型具有某种内在固有的动力，其目标是在心理和行为中实现自己。

第三条法则：心理健康源自这些原型目标的满足。

第四条法则：心理错乱源自这些原型目标受挫。

第五条法则：精神病症状是自然的心理生理反应的持续夸大。

在我们看来，这些法则似乎与人类心理的功能有关，但实际上只不过是那些自然法则在人的心理生活中的应用，这些法则的运作在整个自然界都是显而易见的。因此，只要给橡树苗提供适宜的土壤、适宜的气候条件，使它长到一定的高度，和周围的大树相接近，这颗橡树苗就能成长为它所能成为的最好的橡树。如果缺乏这些环境条件中的任何一种，就会导致橡树的生长受阻或容易得病。例如，顶枯病——这是目前英国许多橡树患上的一种神秘的疾病。

重要的是我们应该认识到，原型意图受挫可能会在生命周期的任何阶段出现，而不只是像弗洛伊德所设想的那样，只在儿童期出现。正是由于这个原因，荣格认为，心理错乱不一定必然与儿童早期的创伤性经验有关。和弗洛伊德不同，荣格认识到，发展是在整个生命周期中进行的，每一个阶段都有它自己的原型目标。这种观点的真实性已经得到了实证研究的证实。乔治·布朗（George Brown）[1]及其

---

① 乔治·布朗（1930— ），英国心理学家。其最闻名的研究是对生活事件和抑郁症之间关系的研究。

同事依据他们在伦敦的社会研究单位（Social Research Unit in London）[①]所做的研究表明，如果一个人能够依赖于身体和言语来表达他对亲密伙伴的依恋，那么，他就拥有了一份至关重要的社会财产——能够保护他们免于患上抑郁症和遭受神经症的痛苦。他们发现，产生焦虑和抑郁并不是非同寻常的事，焦虑和抑郁不是因为儿童期被剥夺，而是因为某一重大的生活事件被揭示，当前的个人关系没有受到支持和关注。[15]

第五条法则——精神病症状是自然的生理心理反应的持续夸大——不只是由弗洛伊德和荣格提出的，而且已经得到了当代人种精神病学家（ethopsychiatrist）的一再证实。例如，加利福尼亚州斯坦福大学医学中心的布兰特·温尼格莱特（Brant Wenegrat）[②]把所有的心理病理综合征，无论是精神病的、神经症的还是心理变态的，都视为所有个体共有的先天反应策略在统计上的变态表现，无论这些个体是心理健康的或是有病的。正如我们早已发现的那样，所谓先天反应策略，温尼格莱特的意思是，它和原型是一样的。温尼格莱特对心理病理学的理解和荣格的观点是完全一致的。荣格曾写道："我们很长时间以来就知道神经症的心理本性（mentality）基本上是正常的，尽管表面看来被夸张和不均衡弄糟了。换句话说，除

---

① 伦敦社会研究单位的全称是伦敦大学贝德福德学院社会研究单位（Social Research Unit at Bedford College，London University）。20世纪60年代，乔治·布朗曾任该单位主任。

② 布兰特·温尼格莱特（1947—　），美国精神病学家。其名著《神圣的原型》（The Devine Arcketype）在学术界产生较大影响。

了有某些反常表现之外，神经症患者都是正常的……"[16]

荣格认为，对精神病也可以用同样的说法来表述："人类心灵产生出来的东西，没有一种是完全处在我们的心理范围之外的。即便是最疯狂的观点，也必然产生于人类心灵内部的某一事物，产生于某种隐藏的根源或前提。如果没有与其相反的明确证据，我们就不能假设，某些心灵包含着其他心灵根本就不包含的成分……"他得出结论认为，所谓精神失常，"只不过是一种隐藏着的、但又普遍存在的状况的表现方式而已"。就像做梦的方式仍在清醒时的脑中持续存在那样，正是由于这个原因，精神病患者才通过一种神秘参与（participation mystique）的形式与那个两百万岁的人保持着更密切的联系。在精神病中，"1号"人格不再起作用，"2号"人格就会取而代之。结果，对外部世界的适应就成为有缺陷的了。[17]

五、关键的原型系统

那些新培养出来的具有生物学倾向的精神病学家——人种精神病学家——对原型系统做了研究，其中对儿童养育的关注当然是他们最密切注意的。但是，另一种新的系统正开始受到几乎同样重要的关注——对竞争的关注。

在他的一本重要著作《人类本性与痛苦》（*Human Nature and*

Suffering)中，保罗·吉尔伯特（Paul Gilbert）①描述了四种不同的生物社会目标，认为这四种目标是最基本的。这些目标就是：提供关怀和获得关怀（即鲍尔比研究的那些原型系统）以及竞争和合作（即位于阿尔弗雷德·阿德勒之研究核心的原型系统）。按照吉尔伯特的观点，在追求这些目标时获得的成功，会导致精神病患者恢复健康，也可以使其遗传基因更适宜（就是说，个体更有可能把他的基因传给下一代）。另外，追求这些目标失败则会导致心理失常。

提供关怀是人类文化的一个基石，而且有一个很好的生物学理由可以说明这一点——一个充满关怀的社会不仅能够更好地在争取生存的斗争中获得成功，而且从现代生物学的观点来看，我们的基因可以保证我们对他人表示关怀，而他人也会携带和我们类似的基因。实际上，至关重要的还不是个体可以自我繁衍，而是他们的基因可以得到保存。达到这一目标的最有效方式就是通过子孙后代，但也可以通过帮助亲属来达到这一目标（亲属不可避免地会带有一定比例的相同基因）。这是后达尔文学派（post-Darwinian）②的观点，

① 保罗·吉尔伯特是英国德比大学临床心理学教授，心理健康研究室主任，2003年曾任英国认知与行为心理治疗学会主席。他是一位多产的心理学家，目前已出版 21 部专著和 100 多篇论文，以研究同情（compassionate）心理治疗的神经生理学和心理治疗的有效性而闻名。

② 后达尔文学派是一些由微生物学家、基因学家、理论生物学家、数学家和计算机科学家组成的松散的学术思潮。他们并不反对达尔文提出的生物进化理论，而是想要超越达尔文，力图用当代自然科学研究的新成果来论证自然选择、进化和基因的不同作用机理。

即自然选择不是对个体发挥作用，而是对基因发挥作用的。广义的繁殖适合度（inclusive reproductive fitness）①的观点已开始取代达尔文的性繁殖适合度（sexual reproductive fitness）理论。因此，像利他主义这种行为才被选择出来，并且在所有社会性哺乳动物的生活中发挥着重要作用。为什么会是这样的呢？我为什么会冒着付出生命的危险去保护我的孩子、同胞兄弟姐妹或表兄弟姐妹呢？答案就是，就其本性而言，一个人使自己的基因存活下来，即便不比其家族的生存更重要，也是与其家族的生存处于同等重要的地位。因此，用温尼格莱特采纳的社会生物学术语来说，利他主义、抚育和提供关怀就是通过基因遗传下来的反应策略，它们是在人类本性的核心发挥作用的。

但是，人们对社会所能做出的最有力的指控就是，我们并不太善于相互关怀，我们之所以在这一方面会失败，就是因为我们人类遭受了如此众多的苦难。正如我们在詹妮弗的病例中所看到的，城市生活中的巨大缺失，就是缺少了亲属关系的力比多（kinship libido）：或许我们这些被迫从事关怀专业的人是受一种集体的物极必反（enantiodromla）②驱使的——这是一种补偿性的意图，目的是想使已经失去的东西得到补偿。冷漠的、经典的弗洛伊德观点未能

---

① 广义的繁殖适合度指衡量个体传递自身基因（包括亲属体内的相同基因）能力的尺度，只有那些能够最大限度地把自身基因传递下去的个体，才具有最大的广义繁殖适合度。

② 集体的物极必反指任何事物迟早都会转变到它的反面。荣格认为，任何力量如果过分充溢，不可避免地就会走向其反面，这是人类心理的一条基本法则。

提供这种补偿。吉尔伯特认为，海因茨·科胡特（Heinz Kohut）①的自体心理学（self② psychology）为什么会如此流行，为什么会对精神

分析理论产生如此重大的影响，就是因为它为治疗提供了一种基本原理，使治疗者对病人热情、接受和包容——这是荣格很久以前就提出来的一种看法。

不管怎么说，正如弗里德里希·尼采和阿尔弗雷德·阿德勒所观察到的，我们不是只会提供抚育和关怀的生物；我们也有攻击性、占有欲和对

海因茨·科胡特

地位的渴望。这种描述不仅适用于在情绪上受到挫折的人，也同样适用于整个人类本性。

靠狩猎和采摘为生的社会看起来似乎有两种类型：[18]

第一种类型：最简单的社会类型是建立在直接消费型经济基础上的，不存在明显的等级层次。虽然某些个体显然更具有

---

① 海因茨·科胡特（1913—1981），奥地利裔美国心理学家，精神分析学派中自体心理学（self psychology）的创始人。他曾任美国精神分析学会主席，国际精神分析学会副主席，奥地利弗洛伊德文献馆副馆长，著有《精神分析的治愈之道》《自体的分析》和《自体的重建》等。

② 自体心理学中的"self"与荣格的"self"不同，也不同于一般意义上的自我，根据国内学者的研究，统一译为"自体"。

个人支配性。

第二种类型：在较复杂的社会类型中，食物和资源的供应是逐渐累积起来的，这些社会表明，社会等级地位显然肇始于此。

在所有的原始社会中，性的选择保证了地位高的男子可以比地位低的男子生殖更多的后代。由此而导致的不平等（或社会不对等）是靠力量来维持的——不是靠警察，也不是通过比赛，即习性学家所谓通过举办仪式进行的格斗行为来维持的。我们已经看到，在地位冲突中获得成功（取得支配权）与欢欣鼓舞（躁狂症）有关，而失败（处于屈从地位）则与垂头丧气（抑郁症）有关。

因此，和所有其他原始人一样——在这一方面也和所有其他哺乳动物一样——我们既有亲和性也有敌对性，我们既需要依恋又需要地位，我们既是弗洛伊德的信徒也是阿德勒的信徒，或者用亚里士多德的话来说，我们既追求享乐又追求政治。伯明翰社会系统研究所的迈克尔·钱斯（Michael Chance）①曾研究过这个基本的二分法。钱斯描述了在原始社会（包括我们自己的社会）中发挥作用的两种不同而且对立的社会系统，他分别称之为享乐主义的和好战的社会系统。享乐主义的社会系统具有亲和群体的特点，成员之间相互

---

① 迈克尔·钱斯，英国人类习性学家和灵长类动物学家，著有《心灵的社会结构》等，提出了一种理解人类社会和心理结构的新的进化论观点。

支持；好战的社会系统的特点是，依靠等级层次组织起来的群体，成员关注的是他们的地位，关注如何避开这种地位造成的威胁。[19]

在好战的社会系统中，紧张、唤醒和压力都处在很高的水平上；在享乐主义的社会系统中，所有的事情则都比较放松。它们和安东尼·华莱士(Anthony Wallace)①所描述的动员状态与放松状态有明显关联，我把它们描述为战争年代与和平年代的人所具有的典型特点。[20]

钱斯对两种基本社会方式的区分与观念史中出现的类似的区分相一致。例如，和弗洛伊德的爱洛斯(Eros，指性本能，后来弗洛伊德将其意义扩展为生的本能——译者注)及萨纳托斯(Thanatos)②本能有类似之处：爱洛斯，即生的本能，是在结合、整合及创造活动中表现出来的；萨纳托斯，即死的本能，是在分离、解体和毁灭中表现出来的。弗洛伊德在他已发表的著作中很少使用"萨纳托斯"这个术语，而喜欢使用"毁灭本能"，偶尔也使用"控制本能"或"权力意志"这类术语。

另外，在弗洛伊德对本能的理论划分中，我们发现了他对恩培多克勒(Empedocles)③所做的一些立论的反馈。恩培多克勒的论点

---

① 安东尼·华莱士(1923—2015)，加拿大裔的美国人类学家，专长研究美国土著文化，尤其是易洛魁印第安人文化。他以提出复兴运动理论而著称。

② 萨纳托斯指死的本能，这是弗洛伊德在晚年提出来的一种观点，与生的本能相反，是人的潜意识中一种毁灭的本能。

③ 恩培多克勒(约公元前 495—前 432)，古希腊哲学家。他是西西里岛的一个王子，但不愿接受王位而向往简朴的生活。他在哲学上的主要贡献是提出了四元素说，认为水、火、土、气是构成自然万物的基本元素，也称为四根说。

认为，在两种极其对立但又相等的原则之间存在着对立，这是促使所有存在物永恒流动的根本原因，他把这两种原则称为爱与冲突。弗洛伊德承认这种联系。弗洛伊德写道："恩培多克勒的两个基本原则——爱与冲突——无论是在名称还是在功能上，都和我们自己的两种主要本能爱洛斯和毁灭（萨纳托斯）具有相同的意思。"[21]

我们还可以做出许多其他相似的类比。例如，戈登·拉特雷·泰勒(Gorden Rattray Taylor)[1]对平均主义的、有亲和力的母系社会和权力主义的、攻击性的父系社会所做的有价值的划分；古典中国哲学对阴和阳的划分；荣格对厄洛斯和逻各斯原则（即非理性和理性）的划分等。[22]为方便起见，我把这些类比在表3-1中概括如下。

表3-1　对应二分法

中国	阴	阳
亚里士多德	享乐生活	政治生活
恩培多克勒	爱	冲突
习性学	结合与依恋	有仪式的动机争胜性行为
吉尔伯特	提供关怀和接受关怀	合作、竞争
钱斯	享乐方式	好战方式
华莱士	放松状态	动员状态
泰勒	母系社会	父系社会
弗洛伊德	生的本能	死的本能
荣格	厄洛斯原则	逻各斯原则

---

① 戈登·拉特雷·泰勒(1911—1981)，英国作家和记者。他的名著是1968年出版的《生物学定时炸弹》(*The Biological Time Bomb*)，这本书预见了生物技术学的诞生；另一本名著是1983年他死后出版的《伟大的进化之谜》(*The Great Evolution Mystery*)。

简而言之，有证据表明，确实有两大原型系统：（1）与依恋、亲和、提供关怀、接受关怀和利他主义有关的系统；（2）与等级、地位、纪律、法律和秩序、领土及财富有关的系统。看起来这些系统就是健康和疾病所依赖的基本原型模式。当它们在适当的环境中被引发出来时，这两种系统都能健康地发挥作用；但是，当它们的目标受到挫折时，或者当它们被不适当地激发起来时，它们就都能引起病态。

例如，丈夫和妻子之间或父母与子女之间的关系之所以会出现问题，是因为他们从享乐方式转向了好战方式。使爱、抚育和支持的表达方式让位于愤怒、失望和怨恨的表达方式。用地位、攻击和力图支配与控制取代了爱抚和相爱的联系方式。在家庭结构内部或家庭个别成员的人格结构内部出现了一种具有决定意义的和持久的转换时，即从享乐方式向好战方式转换时，也就为身体凌辱、性虐待、药物滥用和同一性滥用（identity abuse）①做好了准备。所有这一切很可能和日益增长的焦虑、情绪压力、抑郁、酗酒、犯罪和自杀的发生率相一致，从而使精神病患者的统计数字猛增。[23]这些灾难就是把个体化推向歧途的一些实例。

这两种社会原型系统与亚里士多德关于享乐的生活方式和政治的生活方式相对应，对此，我们不应该因其重要性而如此迷惑不

---

① 同一性是指人的自我感，知道自己是谁、怎样进行思考，对自己的性别、价值观和角色的了解以及对自己的职业、技能和成就的认知等。同一性滥用则是指一个人不能恰当地认识自己，不能很好地扮演自己的社会角色。

解，以致我们忽略了还有第三种方式，这种方式在荣格看来是最重要的：这就是沉思的生活（contemplative life）。因为，它代表的是第三种重大的原型规则的活动——它和对意义的知觉有关。正如荣格在英国广播公司（BBC）接受约翰·弗里曼（John Freeman）①的访谈结束时所说，人类"不能过没有意义的生活"。

六、治愈

我们在詹妮弗的病例中已经看到，传统的精神病学和荣格学派的心理学方法能够相互帮助，从而达到某种令人满意的治疗结果，尤其是当人们把疾病理解为有某种生物学基础时，理解为代表个性化过程中受到挫折的意图时，就更是如此。

荣格经常受到人们批评的是，他没有能够在正常心理学和变态心理学之间做出区分，没能提出关于神经症、精神病或心理病态的条理清楚的理论。其原因部分是因为，这是对弗洛伊德还原论的一种反抗，但更重要的原因是他对下述信念的反思。这种信念认为，

---

① 约翰·弗里曼（1915—2014），第二次世界大战期间被英国人视为战争英雄，50年代曾尝试担任英国工党领袖，后转行主持英国广播公司的电视人物访谈，60年代从事外交工作，出使印度和美国任大使。1971年他担任英国伦敦周末电视主席，后又担任独立电视新闻主席，1984年去美国加利福尼亚州教书，1990年回到英国并退休。

心理健康和心理疾病都是灵魂寻求成长和追求意义的表现。临床精神病学家对这些区分非常钟爱，荣格则想超越这些区分，他把心理看作促使其追求个性化的一些重要的、发展中的技术。这样一来，精神病的诊断就变得不太至关重要了。

荣格写道："隐藏在神经症背后的是一种尚未发展起来的人格，是心理的一个很宝贵的方面，如果缺少了它，一个人就会宣告放弃、感到痛苦、认为所有的一切都是和生活敌对的。"他继续说道："患上神经症其实根本就不只是一件消极的事情，它也是一件积极的事情。"[24]换句话说，疾病表明我们的心理力图治愈自己。因此，疾病就是治愈中的伤痛。

要使心理治疗获得成功的结果，最主要的是要以享乐的方式使医患之间的治疗关系发挥作用。那些强调消极移情、发怒、攻击、妒忌和敌意之重要性的治疗，那些很少考虑感情、抚育和依恋之表达方式的治疗，在我看来都是毁灭性的。在良好的治疗中，好战的方式必然包含在享乐的方式之中，而不是相反。

治愈的过程是自发进行的。要想获得成功，治疗者——不论是精神病学家、心理治疗学家、巫医还是医生——都必须以这种方式行动，以便和自性的治愈意图相一致。荣格写道："一个人生病了，但疾病是大自然（本性）想要治愈他。"他又说："在神经症中既隐藏着人的最坏的敌人也隐藏着最好的朋友。"[25]神经症也可表现为一种有害的刺激，它驱使个体去寻求帮助。当荣格对一个病人评论说"谢天谢地他患了神经症"时，他的意思是说，幸亏这位病人患上了神经症，他才能把他的冷漠和对改变的抵抗暴露出来。

因此，我们可以把神经症和某些形式的精神病理解为警惕的后果，是焦虑、恐惧及妄想狂的扩展——这是一些使我们对危险或潜在的妒忌保持警觉的生物功能，驱使着我们设法战胜它。我们在当今时代所患的心理疾病不仅是古代反应的持续夸张，它们也代表着那个两百万岁的人想要适应当代世界的一种不顾一切的努力。

第三章注释：

［1］C. G. Jung, *Memories, Dreams, Reflections*, p. 109.

［2］J. P. Henry and P. M. Stephens, *Stress, Health and the Social Environment: A Sociobiological Approach to Medicine*.

［3］Stevens, *Archetypes*.

［4］Fox, *Search for Society*, p. 215.

［5］同上书，第 220 页。

［6］John Bowlby, *Attachment and Loss*, Vol. 1, *Attachment*.

［7］C. G. Jung, *The Collected Works*, Vol. 16，第 83 自然段和 Vol. 7，第 195 自然段。

［8］"父亲心象"(the father imago)是荣格用来表示，作为家庭成员之一的父亲与集体无意识中的父亲原型之间互动的产物，而在心理中发展起来的情结形象的术语。

［9］Erik H. Erikson, *Identity and the Life Cycle*.

［10］Bowlby, *Attachment and Loss*，Vol. 2；W. R. D. Fairbairn, *Psychoanalytic Studies of the Personality*；D. W. Winnicott, *Playing and Reality*.

［11］Bowlby, *Attachment and Loss*，Vol. 2，pp. 109-110.

［12］Price, *Alternative Channels for Negotiating Asymmetry*.

［13］这是 M. R. A. Chance 主编的 *Social Fabrics of the Mind* 一书的导言，第 3 页。

［14］Anthony Storr, *The Dynamics of Creation*，p. 73.

［15］George W. Brown and T. Harris, *Social Origins of Depression*.

［16］Wenegrat, *Sociobiology and Mental Disorders*，p. 36；C. G. Jung, *The Integration of the Personality*，p. 8.

［17］C. G. Jung, *The Integration of the Personality*，p. 8. 从孩提时代起，荣格就有过这样的体验：他是由两种分离的人格组成的，他分别称之为第 1 号人格和第 2 号人格。第 1 号人格是他确切的当下人格，使他能够应付日常生活中的各种紧急情况；第 2 号人格则非常古老，远离现实的人类社会，但却与大自然、动物、梦和上帝紧密相连。

［18］James Woodburn, "Egalitarian Societies," Man 17（1982）：431-451.

［19］Chance, *Social Fabrics of the Mind*，Introduction，pp. 3-9.

［20］Anthony F. C. Wallace, *Religion：An Anthropological View*；Anthony Stevens, *The Roots of War：A Jungian Perspective*.

［21］Sigmund Freud, *Standard Edition*，Vol. 23，*Analysis Terminable and Interminable*，p. 211.

[22] Gorden Rattray Taylor，*Rethink.*

[23] Gilbert，*Human Nature and Suffering*，p. 193.

[24] C. G. Jung，*The Collected Works*，Vol. 10，第 351 自然段。

[25] 同上书，第 359、361 自然段。

第四章

治疗的探索

一个分析者对其病人的帮助只能达到他自己所能达到的
深度而不能再深入一步。

——《荣格全集》第 16 卷

治疗的对象不是神经症，而是患上了神经症的那个人。

——《荣格全集》第 10 卷

最近几十年来，我们目睹了一种现象，当我于 1956 年进入医学院时，我绝不可能相信会发生这种现象。在那个时代我们毫不怀疑地接受了这种观点：各种形式的疾病最终都将被医学科学所取得的成就和进步所战胜。但是在当今时代，我们却不得不改变那种观点。虽然新的发现仍在继续不断地出现，新的药物也在不断地引进，新的外科技术在不断发展，与此同时，一些"可供选择的"传统的治疗方法也在明显地复兴。例如，按摩脊柱疗法、针灸、用草药治病、瑜伽、芳香治疗等，正统的医学认为，这些传统的治疗方法根本不可能成为科学的方法，而且在治疗上也毫无用处——它们只不过是无知、轻信和肤浅的秘密避难所。

为什么我们数以百万计的现代人会如此大范围地表现出对现代医学的奇迹不再抱有幻想呢？显而易见，尽管正统医学有其不可否认的医学奇迹，但却不能向病人，或者向其潜在的病人提供他们所需要的东西。我们打算怎样理解这种引人注意的现象呢？尽管正统医学在发展，我们也姑且不考虑正统医学的反对，那些可以替代的治疗方法的发展，其实就是我们心中那个两百万岁的人先天就有的原型倾向的直接后果，他想要寻找出人们必定早已"知道"（神秘地直觉到）能够治愈的各种形式的治疗方法。这种原型的需要就存在于治疗探索的核心。

当传统的医生不能满足这种需要时——当他们在临床上坚持冷静客观而且强调技术，因而使那个两百万岁的人觉得未受重视、被人抛弃时，人们就认为他们做得不好。那么，怎样才能防止这种悲哀的失败呢？我相信，直到我们理解了医患关系是一种有史以来就一直伴随着我们的原型关系时，才能防止出现这种失败。若想达到治疗探索的目标，并非只有通过对科学进步的信奉，而且还要通过在那个神秘王国中的旅行，在这个神秘的王国里，人们始终是用原型的方法来进行治疗的。

有两种方法可以帮助我们获得这种令人敬畏的力量：外部的（人类学的）方法和内部的（心理学的）方法。通过使用这两种方法，我们将尝试发现那个两百万岁的病人究竟在探索什么，他在临床实践中通常会有何收获？

一、人类学方法

当那个两百万岁的人觉得身体不舒服时，他会寻求什么呢？当人类感到心烦意乱或出现定向障碍、受到惊吓或感到抑郁时，心情痛苦或患上心脏病时，他们通常会做些什么呢？大概和所有其他的原始人类一样，他们也寻求来自其亲属的安慰吧。但是，如果痛苦大于亲属所能提供的减轻痛苦的抚慰，那又怎么办呢？在这种情况下，人类学家认为，应寻求来自医学界人士、萨满教、江湖郎中、牧师或治病的术士提供的"专业方面的"帮助。

必须记住，我们是从非常脆弱的环境中进化而来的，受到各种因素的威胁——食肉动物、充满敌意的邻居或邻邦、恶毒地想要给别人带来疾病和死亡的影响。毫不奇怪，在这些情况下，会出现一个具有强大力量和重要性的人物。这个人物就是治病的术士，在所有的文化中其作用都是至关重要的，其地位总是比较高的，通常要比我们自己社会中的医生或牧师享有的地位高得多。治病术士那无处不在的力量和影响反映了人们对把病治好的要求，这种要求和我们的人类同样古老，那些有关的信念、仪式和医疗实践也是所有文化普遍共有的最令人惊奇的东西。

因此，有一件事是肯定的：治愈是以原型为基础的。这是一个至关重要的观点，因为原型的观点揭示，治愈不只是与诊断和治疗有关；这是为那些强有力的习性或癖好（propensity）开辟通道的问题，这些强有力的习性或癖好和进化本身同样古老。的确，我们可以把它看成是一种能够发挥作用的宇宙般的治愈力量的表现：当有机体与环境之间因机能障碍而出现鸿沟，通过某种遗传基因的变化而得到补偿，从而填平了这个鸿沟并且导致了更好地顺应或适应时，这就是进化。

这样，我们就可以把人的自然本性看作一种伟大的自我更正的过程。荣格认为，这种自我更正的过程是在人类心理活动的过程中才获得最高程度的表现的。治愈的过程——尤其是心理治愈的过程，或许还有各种形式的治愈过程都必然包含着心理——是提供最适当环境的艺术，在这种环境中自然本性的那种自我更正的力量才能最有效地达到其目的。

治病的术士是一个感受到有机体需要什么，知道如何去改变这些环境，从而使有机体能够治愈自己的人。换句话说，治愈是一种能量实现的活动。尽管人们很少认识到，但医学科学最先进的治疗干预既依赖于那些自我治愈的先天倾向和习性，也依赖于传统巫医的帮助。因此，有一句古老的格言："上帝把病治愈，而医生却前来收费。"

但是，西方国家的医生对传统的治病术士的态度，除了少数医生比较正直之外，大都表现出一种夹杂着傲慢的恩赐态度和伪装得很拙劣的轻蔑。假设医学科学确实取得了重大的进步，那么，当内科或外科医生持这种态度时，这或许是可以宽恕的；但是，当精神病学家采取这种态度时，就不能那样宽恕了。他们在治疗心理疾病患者时虽然也取得了成功，但并不比其传统的同行（即那些古代的巫医、术士等传统的心理治疗师）所取得的成功更值得注意。事实上，人们在尼日利亚所做的研究已经揭示，当对两组心理疾病患者进行不同的治疗时——一种是用西方的方法，另一种是用传统的方法——接受巫医治疗的患者显然要好得多。[1]

此处不是对西方国家的精神病学实践提出批评的地方，但我们可以比较公正地论证说，在我们的社会中，心理疾病患者受到的并不是最适当的关怀。人们经常提出的批评，尤其是病人提出的批评是，精神病学家没有拿出足够的时间来倾听，他们治疗的往往是症状而不是治疗人，而且他们更强调的是使用药物和进行社会控制，而不是建立和保持一对一的医患关系。我们可以对这种控诉再补充一些内容，他们既忽略精神层面的治疗，也不关心原型层面的治疗，他们未能说明疾病的意义和目的，未能根据病人的个体性来理解"精神崩溃"所蕴含的转换作用的潜能，他们否定安慰剂的作用（从而使这种强有力的治疗工具无法得到应用）等。

当人们要求精神病学家对 20 世纪在其专业研究方面取得的成就加以说明时，他们讲述的无非是他们引进了吩噻嗪药物（phenothiazine drugs）①，他们采用了把药物学、心理学和社会治疗及康复整合起来的"整合计划"，仿佛这些就是令人惊奇的改革和创新似的。但实际上，印度的阿育吠陀医学（Ayurvedic medicine）②在成功地治疗精神病紊乱方面使用了一种有效的药物，已达数千年之久了。这种药物（Rauwolfia serpentine，萝芙木，蛇根草）③于 1954 年第一次被引入西方医学中，但目前已被氯丙嗪（chlorpromazine）所取代。蛇根草虽然不如氯丙嗪有效，但人们认为它产生的抑郁副作用较小。非洲一些传统的治疗术士也使用萝芙木——尽管人们并不知道他们使用这种草药有多久了，因为没有书面记载留存下来。[2]

另外，职业疗法的使用和渐进式的社会与职业康复计划（progressive program of social and vocational rehabilitation）也不是什么新鲜事物了。早在 19 世纪威廉·图克（William Tuke）④就在英国的约克郡疗养院（York Retreat）提出过类似的方法。17 世纪荷兰

---

① 吩噻嗪药物是一种治疗慢性精神病的镇静类药物，其主要作用机理是抑制脑内多巴胺神经系统的功能亢进。

② 阿育吠陀医学是印度使用的一种药草养生疗法，迄今已经有 5000 多年的历史了。

③ 萝芙木草药，萝芙木属夹竹桃科植物，有百种以上，在非洲和印度被广泛用作民间草药，是目前常用的降压药利血平的配方原料。这种草药还具有消炎、降血脂、镇静和抗氧化作用。

④ 威廉·图克(1732—1822)，英国商人、慈善家和贵格会教徒。他提出了一些更人性化的方法来监护和关怀患有心理疾病的人，现在这些方法被称为道德治疗（moral treatment）。

的吉尔（Gheel）①以及谁也不知道多少世纪以前的传统治病术士都提出过类似的方法。一位肯尼亚的治病术士报告说，大多数精神病人都是由他来进行治疗的："一个星期之后有些人康复了，然后我就不让他们无所事事地闲待着了。他们种地、打水，我把他们送到市场和磨坊去，他们在围起来的场地里割草。"他说他非常仔细地评价每一位病人的工作能力，而且只分配给他一份力所能及的工作。[3]

所有这一切应该给我们提出了值得反思的理由。真实的情况是，我们还远未成功地认识到，在医患之间一次成功的心灵交会（encounter）中究竟发生了什么事情，因此，我们就不能看不起传统的治病术士及其所从事的治疗实践。我们不应该看不起他们，而是应该更好地考察一下，他们教给我们的可能是什么。医学、精神病学和心理治疗毕竟是从原始的治疗技术中发展起来的，因此，原始的治疗技术是其最初的根源。虽然我个人并没有接触过传统的治病术士，因此，没有这方面的经验，但在他们著作中的人种学说却很早就强烈地吸引住我了。在阅读这些著作的过程中，当我把他们的生活和我自己的生活加以比较时，我被一些敬畏感和谦卑感征服了。他们给我留下的最深刻的印象是，要想完成他们所期待的这些任务，就必须要有一定程度的个性化。

治病术士不得不去做更多的事情，而不只是照顾其病人的健康

---

① 17世纪荷兰的吉尔（Gheel），有时写作"Geel"，是17世纪荷兰的一个市政厅，最早是一些患有心理疾病的人的居住地。据传说在6世纪时爱尔兰公主圣迪姆普纳（St. Dympna）就是在这里被治愈的。

和幸福。如果你想祈求老天下雨或者在战争中取得胜利，你去找他们就再合适不过了。他们知道有关神祇和女神以及祖先精灵的一切；他们会给你讲述世界是怎样开始的，用歌谣把部落的全部历史业绩唱给你听。他们还会创造一些对付敌人的咒语，提供一些防止敌人妖术的保护措施。显然，使他们成为有效治疗者的不只是他们的学识，而且还有他们的超凡魅力和地位。正如一位权威人士所评论的："在出现某种疾病，特别是出现严重的或危险的疾病时，病人往往把他的信心或希望放在治病术士身上，而不是寄托在他服用的药物上……因此，除了需要具备一定的技能或知识之外，治病术士的人格似乎在治疗中发挥着主要作用。"[4]

概括地说，人种学的证据表明，那个两百万岁的病人到治疗者这里来看病，是要寻找四样东西：(1)权威人物或超凡的人格魅力；(2)个人受到别人的注意——提供时间让别人倾听和理解自己；(3)知识——具备一整套系统的理论和实践能力，使治疗者能够据此做出某种诊断、某种解释和进行适当的治疗；(4)恢复健康，完全参与到社会生活中去。

我们已经描述过三种基本的治疗师了：(1)没有灵感的(noninspirational)或非专业的治疗者，他们往往使用"理性的"方法来治疗，如禁食、按摩或草药；(2)有灵感的(inspirational)治疗者或术士则通过举行仪式而使人像着了魔似的(各种类型的自我催眠，类似于西方媒体报道的自我诱导的恍惚状态)，以及通过暗示，运用的是他们的声望来进行治疗；(3)牧师(priests)或萨满教的巫医

(shamans)可能要经历一次严重的心理紊乱，很像一种精神病或荣格在与弗洛伊德决裂后所"面对的无意识"［我们可以称之为"起始性疾患"(initiatory illness)或者埃伦伯格(Ellenberger)①所说的创造性疾病］。在我们考虑这些不同种类的治病术士所赞同的各种治疗理论之前，我们必须首先转向关于治疗师原型的内部(心理学)观点。

二、心理学方法

心理治疗的过程是心理分析的核心秘密。和任何其他各种类型的医生一样，所有的分析心理学家，即使是其中最没有能力的人，也都有过这种体验：当他们看到病人在痛苦中来找他们看病，结果治好了，这时分析师会感到惊诧不已。我们常常倾向于认为，这是由于我们自己的精心治疗，但是在我们的心里我们却知道，这是因为发生了某种我们力不能及的事情，或者我们通常无法理解的事情。它发生在病人心中的某个地方，以某种方式发生在分析关系的炼金术之中。

它也发生在分析师心中的某个地方。在进行分析面询最有效的

---

① 埃伦伯格(1905—1993)，瑞士心理学家和精神病学家。第二次世界大战后他移居美国和加拿大，曾任一些大学医学院的心理学教授。其著作主题涵盖民族精神病学、心理学史等。《发现无意识》是其代表作。

时刻，正是因为那个治病术士在进行干预并鼓舞分析师说出一些话。当我们年轻时和刚获得分析师资格时，自我（ego）总想要脱口说出一些聪明的话，这些话是它在某一本书中读到的或在某一堂讲座中听到的，但这样做是很少有帮助的。随着时间的流逝，自我获得了一点谦卑。它学会了静静地坐在那里，等待着那个治病术士来收集它的直觉并开口说话。有经验的分析师都知道，治疗中的精灵会在分析的神圣领地（analytic temenos）①中出现，而且必须以某种方式和它取得联系并把它引发出来。于是自我就成了执行者，那个治病术士只有通过自我才能发挥作用，自我也就成为治疗过程的必经之路。

在力图理解西方的医生和原型的治病术士之间的关系时，我尝试考察了在我自己身上发生的一些事情。我要说的第一件事情是，我心中的医生大部分是自我。他是有意识地和符合逻辑地发挥作用的——至少是尽可能有意识地和符合逻辑地发挥作用的。他记下病历，进行检查，做出诊断，找出病因，以及制订一个治疗计划。而那个治病术士在大多数情况下是完全无意识的。有时候我们可以理解他，有时候则不可能理解他。

在临床情境中面对一个有心理障碍的病人时，我心中的医生有

---

① 分析的神圣领地是指分析师在心理治疗中所涉及能够在其中发挥作用的独特领域，在这里分析师和来访者的心灵交会，无意识的内容可以安全地提升到意识层面。人可以以这种方式与自己的阴影、阿妮玛、阿尼姆斯、智慧老人和自性等原型相遇。荣格认为，这些无意识内容的原型是拟人化地表现出来的，而且是所有文化中共有的。

时会被难倒。面对病人对我提出的要求，医生也不知道他会说些什么。而那个治病术士却基本上不会被难倒。他更富有想象力，更有创造性。我相信，这就是为什么治疗艺术要依赖于那个治病术士在自性中的群集（constellation）①的原因。我们必须培养他，拐弯抹角地对他说话，和他取得联系，把我们那根可用语言表达的心弦借给他，并且让他说话。

根据我自己的经验，分析师最富有成效的干预直接来自无意识。面对病人所遭受的痛苦，我会受到强烈的震动，这就是开端。伤口裂开了，我们都遭受着痛苦。可能不会有更多的事情发生。但有时候，而且在没有发出警告的情况下，某种直觉就会在自我脚下的某个地方发出低沉的声音：一种顿悟就会突然出现，而且我发现这是我自己在发出声音。这时会一瞬间产生某种触电般的感觉。在整个情境中有某件事情发生了改变。当所有这一切全部结束时，我想，天啊！这究竟是怎么回事呢！

这并不是一种罕见的或前所未有的现象。甚至那些完全没有接受过心理分析的医生根本就没有意识到，也不可能逃避这个原型领域，那个治病术士就是在这个领域发挥作用的。因为医患关系本身就是具有两个极端的原型系统，能量、象征作用和身体的交互作用

---

① 荣格认为个体无意识的内容是以群集的形式簇拥在一起的，以情结（complex）的形式存在。人格中的概念都有一个与之相对立的概念，如意识与无意识、思维与情感、内倾与外倾等，从而形成一个个独立的人格单元。它们按照能量守恒定律发挥作用。人格就是这些处于动态平衡中的相互对抗的力量组成的群集。

就是在这两个极端之间流动的。医患之间的沟通交流就像其他任何原型关系一样，是两个人之间的群集。每一个人都站在与对方相对立的一极，如父母与孩子、老师与学生、丈夫与妻子、领导与下属等。

医患之间原型系统的实质在受过创伤的治病术士的古老象征中得到了绝妙的表述。古希腊神话中的医神阿斯克勒庇俄斯（Asklepios）①本人的医术就是一个半人半马的怪物喀戎（Chiron）传授给他的，而且喀戎患有一种无法治愈的伤痛。我们还可以看到，一个年代稍微往后一些的受过伤的治病术士，就是那个被钉死在十字架上的耶稣。[5]和所有的原型象征一样，受过伤的治病术士发现的可能是一种最普遍的表达方式。例如，在古代埃及，狗女神拉巴图（Labartu）②就是治疗女神。但是她有两个名字：除了拉巴图之外，人们还知道她叫古拉（Gula）。当人们叫她古拉时，她就是死亡女神。印度的女神卡利（Kali）负责制造瘟疫（pox），但是，要想把瘟疫治好也非她莫属。希腊的阿波罗神能够治愈瘟疫，但也能引起瘟疫。

这使我们越来越接近治愈过程的核心秘密。关于受伤的治病术

---

① 阿斯克勒庇俄斯是太阳神阿波罗和塞萨利公主科洛尼斯之子。但是，当科洛尼斯怀孕时，却又爱上了凡人伊斯库斯。愤怒的阿波罗派他的妹妹月亮女神阿尔忒弥斯把科洛尼斯射死了。在对科洛尼斯的尸体进行火化时，阿波罗从尸体中救出尚未出生的阿斯克勒庇俄斯，把他交给贤明的半人半马的喀戎（Chiron）抚养。喀戎将其抚养成人，教他学习医术和狩猎。

② 拉巴图是古希腊神话传说中居住在美索不达米亚的医疗女神，她们是以狗的形象出现的，这或许是因为古人注意到，狗用舌头舔主人的伤口具有治愈作用，也有人认为，狗的唾液具有某些医疗成分。

士的原型意象使我们能够理解，医生与患者究竟是怎样建立联系的，不仅建立外部联系，而且也建立内部联系。[6]在每一位医生心中都有一个病人，而在每一个病人心中也都有一个治病术士。我猜想，使我们大多数人从事治疗这门专业的，正是我们自己心中那个生病的病人，它在寻求其另一半以达到完满。假如你愿意承认的话，它就是我们的个性化方式。作为治疗师，意识到我们的伤痛和我们个人的治疗探索，就是我们的一种主要的责任。所以，我们都必须经历过这种培训分析，我们的伤痛就是我们的个人方程式。

所有的原型关系都是在儿童期的游戏中表现出来的。游戏是本性的一所中学。它是为我们处理和应对成年生活中的各种关系做准备的。医生和病人也做游戏，这是我们大多数人童年期经验的一部分，这并非只是巧合。确实如此，我们中的有些人使自己如此固着（fixated）①在游戏之中，致使我们在人生的其他时候仍在继续做游戏。

这么多的人宁愿去咨询其他的从业人士，而不愿去咨询医生或精神病学家，原因之一就是，现代的医生把那个受伤的治病术士的原型分裂成它的两个极端：要么使他们自己完全以那个治病术士自

―――――――――

① 固着是指人的心理停留在某一心理发展阶段，不能继续发展。精神分析心理学把它视为一种心理防御机制，个体担心自己继续往前走会遇到危险、失败、挫折和惩罚，因而止步不前。例如，有些人虽已成年，却依然留恋幼时的游戏；有些人虽已结婚成家，却依然希望自己的爱人像父母疼爱小时候的自己那样来对待自己。

居，要么把他们的伤痛投射到病人身上。医生以这样的方式在这种幻想中寻找乐趣，认为他们是完全健康的，而病人则是完全有病的。现在这种做法已经产生了不幸的后果，尤其是在精神病学的实践中。由于拒绝承认他们自己有伤痛，并把它完全投射到其病人身上，精神病医生反而加重了其病人的伤痛。对病人来说，他们则受到鼓励，要与那个在他们心中发挥作用的治病术士脱离关系，而且要把这个治病术士投射到医生身上，从而增加了医生的力量和自我满意感。

当然，这并不是说，医生应该拒绝接受这种情况，不要让病人把这个治病术士投射到他们身上。我要说的是，如果医生想要着重考虑病人的内部心理困境，他们就必须意识到他们自己的伤痛。这可以促使病人不再把那个治病术士投射出去，这样，病人就能够学会与那个在他们自己心中发挥作用的治病术士进行合作，从而越来越少地依赖医生。所有的原型一旦被激活起来，就都会这样去做，那个治病术士在个人的心理上是以拟人化的形式表现出来的——有时扮作一个男人，有时扮作一个女人，而有时则扮作一只熊、一只狗、一条蛇或其他动物或物体，如曼荼罗①，它们都具有治愈的力

---

① 曼荼罗是梵文"mandala"的音译，意思是指"坛""坛场""轮圆具足""聚集"等。在藏传佛教中是指密教修持能量的中心。在《金花的秘密》(*The Secret of the Golden Flower*)一书中，荣格第一次介绍了曼荼罗："在宗教领域和心理学中，它指圆形的意象，它们被临摹、被描述、被模仿，被用舞蹈表现出来。这种坛场的结构可以在西藏佛教中发现；作为舞蹈形象，这些圆形样式也出现在穆斯林狂舞托钵僧身上。作为心理现象，它们自发地出现在梦中，在某些冲突状态中以及精神分裂症的病例中。它们非常频繁地以十字架、星星、四边形、八角形的形式包含着四位一体或四的复合。在炼金术中，我们遇到以平方圆为其形式的这一主题。"

量。那个治病术士也会出现在梦中和积极想象中，并且在移情和反移情中作为超自然的存在而被人感受到，也可以出现在治愈过程中的医患关系中。

荣格认为曼荼罗是自性的象征

弗洛伊德引进了"移情"这个术语来描述这样一种无意识过程，通过这个过程，病人把实际上是他们自己过去认识的某个重要人物所具有的某些特性归因到他们的分析师身上，并且与分析师联系起来，仿佛他就是这些人物中的一员。由于被投射到分析师身上的最常见的意象是母亲和父亲，那个治病术士便常常被体验为一个像父母一样的人物。但是，荣格发现，包含在移情中的东西远比这些多得多。原型是通过分析关系而被激发起来的。当把这些原型投射到分析者这个人身上时，这些原型就会产生很强大的治疗力量——或者很强大的破坏性力量。根据荣格的经验，最经常投射到他身上的原型是术士、萨满教巫医、江湖医生、庸医、骗子、救星、炼金术士和智慧老人。对治愈的过程来说，把这些原型人物激活似乎是至关重要的，这就可以解释，那些治病术士所获得的权威力量、感人的超凡魅力和他们所达到的那种程度的个性化，为什么会对他们的成功如此重要。正如荣格所观察到的，你不可能指望你会带领人们走得比你自己走得还要远。

现在，我们还是来看一看直到当今时代仍然在世界上流行的各种治愈方式吧。

三、治愈的原则与实践

有大量的材料与传统的男女行医者的活动有关，从这些材料中可以发现数量足够多的类似的活动。这些活动证明，在许多不同的文化中和相当大的地理差异中存在着相当多的一致性。这些类似的活动揭示，关于疾病原因和治疗原则的主要理论具有广泛的一致性，医学实践在传统上就是以这些理论和原则为基础的。

我这样说可能会受到人们的批评，认为这是令人不能容忍的简化。虽然冒着这种风险，但我认为，可以把这些理论和原则归并在两种基本的病理学理论中：（1）本来应该留在病人心中的某种东西却从病人的心中分离出来了；（2）本来不应该留在病人心中的某种东西却进入了病人心中。这些理论中的每一种都和它自己的适当的治疗原则有关。如果有某种东西分离出来了，那就把它放回原处。如果某种东西进去了，那就把它取出来。我们将逐一考察这些事物中的每一种。

某种东西分离出来了。对生死现象进行解释的最古老的理论之一，就是利用我们每个人都有一个幽灵实体（ghostly entity）的观念，在我们的文化中我们把这个幽灵实体称为灵魂（soul）。人们相信，这个实体在我们出生时，或者在胎儿时期，或者当我们还在子宫里的时候，便进入我们心中了，并且能够在某些紧要关头离开我们的身体。死亡的时刻便是一个明显的例子。许多人接受了这种现象并用它来解释梦——就是说，实际上，我们的灵魂在我们睡觉时会脱身出来，并且做我们梦见的各种事情。许多人也承认，可以用它来解释某种类型的疾病，把这种疾病描述为灵魂的丧失。

关于灵魂究竟是怎么丧失的，有许多不同的理论解释，但大多数理论都赞同这种观点，夜晚是一个特别危险的时刻。例如，一个人可能会从梦中突然醒来，而这时他的灵魂还在某个遥远的地方游荡，结果灵魂返回的退路被遗忘了，或者正在游荡的灵魂可能会被邪恶的精灵所捕获。成功的治疗依赖于把灵魂安顿好，使它回到其适当的拥有者那里去。这通常意味着，要与那些劫持的精灵讨价还价，并付给它们某种形式的赎金。或者这也可能意味着，要同它们进行一场可怕的斗争，才能努力使灵魂获得自由。萨满教的巫医对这种神奇的技艺尤为熟练。

据说有些人遭受的就是灵魂丧失之苦，这些人的临床描述揭示，有一种情况和我们的所谓抑郁症有密切的关联。例如，在秘鲁，克丘亚族的印第安人（Quechua Indians）①就承认，有一种他们称之为米奇科（Michko）的病。患上这种疾病的人在身体上和心理上都发生了障碍，体重减轻、能量丧失，表现得非常兴奋，深受失眠和做噩梦之苦。[7]

西方有很多与灵魂丧失相类似的观点，包括炼金术的制伏或苦行（mortificatio）②中阿妮玛精灵的分离与回归，在失去爱人之后所感受到的丧亲之痛。首先，抑郁症的临床症状被体验为，某种不可或缺的东西失去了，而重新获得则被体验为，生命中至关重要的火花又回来了。当一个人感受到抑郁时，他就会觉得与自己和他人产生了分离和疏远。在这种情况下对病人进行治疗时，分析师便成为携带这个灵魂的人，成为治愈的心理能量，直到病人能够把灵魂和能量都拿回去为止。

在《寻求灵魂的现代人》一书中，荣格把我们的全部文化诊断为，患上了灵魂丧失之症。他通过正视无意识而治愈了他自己身上

---

①　克丘亚族的印第安人又称齐楚亚族印第安人，是居住在南美洲安第斯山区温暖谷地中的一支印第安人部落。据考证，该部落属于蒙古人种的美洲分支，现在约有1000万人。他们使用克丘亚语，有自己的文字。

②　制伏，原意是指禁欲、节食等，因此，有时也可译为"苦行"。在炼金术中，炼金士把原初物质投放在鼎炉中进行冶炼，其间会出现"制伏""净化"等阶段。

的这种症状，这种对无意识的正视就像萨满教的入会仪式（shamanic initiation），给我们提供了我们称之为分析心理学的全部理论、实践和技术。不管怎么说，这个学科的根源显然可以追溯到远比20世纪初的苏黎世或维也纳更加久远得多的过去。

某种东西进来了。在许多传统文化中，疾病被视为邪恶入侵者的原型的一种表现形式。就是说，人们认为，疾病是侵入身体中来的某种外部力量或物体。这种异己的力量或物体不只是疾病的原因：它本身就是疾病。治愈的过程就是把它驱逐出去的过程。

例如，在尼泊尔人当中，治病术士通常会把疾病从病人身上吸出来，把经过最后考察证明是一种动物组织或蔬菜组织的东西吐到一个黄铜盘子里。他把这个东西用手拿着，给聚集在周围的人们看，很有礼貌地对大家的喝彩表示感谢。[8] 在菲律宾人中，所谓心理外科医生无须使用器械就可以进行"手术"。他们按摩病人的腹部，赤手空拳地把那些看上去充血的内部器官组织祛除掉。但是，当人们对这些"被取出来的"组织进行分析时，便再次证明，这些组织实际上也起源于动物（animal origin）。[9]

因此，我们不可避免地要得出这种结论：传统的治病术士并非总是使用无耻的欺骗手段。他们不仅能这样做，又不被认为是欺骗，而且还确实起作用。庸医竟然也能治愈疾病啊（Charlantanism heals）！这怎么可能呢？荣格在他那个著名的一眨眼的瞬间曾目睹：

Mundus vult dicipi——这个世界就是愿意被欺骗啊①。

治病术士取出的那个物体显然是疾病的一种象征，这就是温尼科特所谓起转变作用的物体(transitional objects)。[10]治病术士的秘密就在于，他们的人格力量和动作能够在病人心中激发起这种信念，即他们的疾病已得到了精确的诊断和治疗。治病术士使病人确信，他们不再是有病的人，而是身体健康的人了，这正是催眠术所要达到的目标。它可以解释，为什么这么多传统的治病术士会利用这种催眠式的恍惚状态。病人相信他们的病被治愈了，这当然也是使安慰剂发挥作用的根本原因。

许多现代的医疗实践也对这个观点做出了同样的验证，有些东西进入了心灵，这些东西本来应该是在外面的——它们是受到传染的有机体、异物、有毒的物质、胆固醇等。现代的外科医生所做的无非是，把病人身体的某一部分切除。他们依据的是这样的假设：不论是现在还是将来，这些部位可能就是导致病人患病的原因。每年有多少病人被毫无必要地切除了他们的阑尾、扁桃体、子宫和包皮啊！现代的病人喜欢向人们炫耀从他们身体中取出的胆结石、肾结石和拔出的牙齿，向他们自己和他们不幸的采访者证实，他们患病的原因已经被祛除了，已经被放置在他们的身体之外了。这种做法也是诸如发泄、心理剧和"把事情写下来"等许多成功的艺术治疗

---

① "*Mundus vult dicipi, ergo decipiatur*"是一个拉丁文的短语，意思是说，这个世界就是愿意被欺骗啊，那就让它被欺骗好了。这句话源自1世纪罗马的讽刺作家佩特罗尼乌斯(Petronius)。

和心理治疗程序的基础。病人把他们的内部障碍排出体外，在这个过程中减轻了痛苦。把他们心中的烦恼用言语向一位朋友或治疗师诉说，也具有完全相同的作用。通过把东西从身体中取出，即把（情绪的或身体的）脓释放到体外，从而使疾病痊愈，这是一种和时间同样古老的治愈过程。

有一种非常可怕的力量，人们普遍相信，这种力量有能力"进入"身体并引起疾病——尤其是心理疾病——这就是邪恶的力量。精神病学教科书把心理疾病的历史描述为一种直线式的发展过程，从魔鬼附体的学说，到把疯子视为一种疾病的启蒙观点，直到目前把神经精神病学和多巴胺假说(dopamine hypothesis)①奉为神话。我们不应该被精神病学史的这种非常令人怀疑的看法所蒙骗。通过用神经科学的理论来取代魔鬼附体的理论，确实取得了许多实际的进步，但在这个过程中，我们却贬低了精神的价值，与珍藏在古老的治疗仪式和神话中的意义失去了联系。我们有必要写一本新的精神病学的历史，它应该公正地对待人类历史的全部状况，注意我们已经失去的和已经获得的东西。

"魔鬼附体"的理论以及通过驱除妖魔来治病的做法，是动力精神病学和心理分析得以发展的根源：从加斯纳神父(Father Gassner)②

---

① 多巴胺假说是目前被普遍接受的精神分裂症的起因假说。该假说认为，人体中多巴胺增生异常会导致精神分裂症。

② 加斯纳是天主教神父。他声称当他的十字架碰到病人的身体后，上帝会使病人立即倒地而死，其间他能按照上帝的旨意，驱赶缠在病人身上的病魔，病人会复活并且恢复健康。这实际上是一种心理暗示作用，催眠术就是根据这种心理暗示发展而来的。

1775 年当众为患痘病的修女驱除妖魔、安东·麦斯麦（Anton Mesmer）①于 18 世纪 80 年代在维也纳和巴黎所获得的治疗方面的巨大成功、贾斯替纳斯·科纳尔（Justinus Kerner）②对普雷沃斯特的女预言家（Seeress of Prevorst）的治疗，以及他所写的与此事有关的那本非常成功的书，直到沙科（Charcot）对在沙尔佩特里埃（Salpetriere）精神病医院的癔症瘫痪患者所做的戏剧性的推论和祛除瘫痪，以及约瑟夫·布洛伊尔（Joseph Breuer）③和弗洛伊德通过谈话疗法对安娜（Anna O）的治疗，所有这些都是从魔鬼附体和驱除妖魔这种古代的理论和实践中发展而来的。

另外，精神病是由邪恶的精灵引起的、因此必须通过驱除妖魔来治疗的观点，仍然无意识地影响着现代精神病学家，这可以在他们的言行举止中表现出来。对精神病学家来说，心理疾病是一个敌人，他们要把他们的阴影——他们自己尚未认识到的疾病和邪恶——投射到这个敌人身上。他们认为，心理疾病是一种我们必须

---

① 安东·麦斯麦（1734—1815），奥地利精神科医师。他认为行星能通过磁力影响人类，提出了动物磁性说，认为人生病是因为体内的磁性不平衡所致。他发明的通磁术在西方世界流行百余年，成为当代催眠术的先驱。

② 贾斯替纳斯·科纳尔（1786—1862），德国诗人、医生和医学作家。1857 年，他发表了一本诗集，其中每一首诗都是受一幅幅偶然的墨迹所启发而写成的，这可以看作后来罗夏墨迹投射测验的先河。

③ 约瑟夫·布洛伊尔（1842—1925），奥地利医生，和弗洛伊德都是奥地利著名生理学家布吕克的学生。1880—1882 年，布洛伊尔治疗了一个名叫安娜·O 的女病人。根据她的病情他创造了催眠方法，在深度催眠状态下，让安娜·O 说出她心中被压抑的念头，从而治愈了这位病人。

与之战斗和予以克服的东西。从这个意义上说，现代精神病学家显然继承了驱除妖魔论者的观点——把魔鬼投射到疾病中，精神病学家再使用药物和电击来为病人驱除妖魔，把魔鬼驱逐出去。

疾病是由于邪恶的精灵附体引起的，这种观点与疾病是由于罪孽所致这个概念相类似，即由于病人做过邪恶的事情才导致他生病。治病术士通过倾听病人的忏悔，同意赦免其罪孽，举行仪式使诸神得到抚慰，来治疗病人的这些症状。

和心理分析一样，现代精神病学已经用"罪疚感"(guilt)这个概念取代了"罪孽"(sin)的概念。在咨询室里进行的忏悔对心理治疗的成功起着某种基本的作用，对此人们几乎没有疑问。病人常常觉得，他们不值得成为人类种族的一员，他们处在人类之外。现代的治疗师和古代的治病术士一样，通过他们在治疗过程中的帮助，就能使病人重新回到人类大家庭之中。

在传统的疾病概念中，尤其是在像加纳(Ghana)这种妄想狂观念(paranoid ideas)十分流行的国家中，关于邪恶、巫术和妖术的理论发挥着很大的作用。加纳人的房屋、卡车、独木舟和工人的工具箱都装饰着诸如此类的铭文。比如，"不要信任任何人""在我的周围到处都有敌人""害怕人就去玩蛇吧"。一位权威人物讲述了一个关于加纳木匠的故事：这个木匠在骑自行车时眼睛里进了一粒沙子，他并没有尝试把这粒沙子取出来，而是急忙赶到一个占卜者那里，想要发现究竟是谁把沙子吹进他的眼睛里去的。[11]

荣格学派的分析师通常把患妄想狂的观念理解为阴影被投射到

外部群体中所致，因此，人们便把这个阴影看作有敌意的。应该鼓励病人意识到他们的阴影，承担对阴影所负的个人责任，并且不再把它向外投射到别人身上。但是，对于患妄想狂的精神分裂症患者来说，这可是一件很难做到的事。在这里我吸收了传统的江湖医生的智慧，但运用的是反魔法（countermagic）。对这种病我是用服药的方法来治疗的——针对这种病使用的是一种吩噻嗪药片。

在我们的文化中，治病术士的原型体现在耶稣这个人物身上，"而且在整个叙利亚都知道他的名字：叙利亚人把所有的病人都带到耶稣面前，这些病人是患有各种疾病和遭受各种痛苦折磨的人，是那些魔鬼附体的人，是那些精神错乱的人，是那些瘫痪的人，而耶稣把这些人都治好了"（《马太福音》4：23～24）。

朱利安·莱夫（Julian Leff）[①]在他那本很有价值的书《全球精神病学——跨文化的视角》（*Psychiatry Around the Globe：A Transcultural View*）中指出，在治疗心理疾病时耶稣的治愈技术类似于世界各地土著治病术士使用的技术。治病术士命令魔鬼离开它所依附的那个遭受痛苦的人，把那个邪恶的精灵迁移到动物身体上，随后便把这些动物杀掉了。还有另外一些元素，如水，可以用来洗掉这些精灵。圣·马克（St. Mark）曾向我们讲述过一个精神病患者的故事：他是一个没有固定住所的流浪汉，住在坟墓里。他曾

———————————

① 朱利安·莱夫，英国精神病学家，伦敦大学精神病学院荣誉教授。他曾使用化身疗法治疗有幻听的精神分裂症患者，取得了很好的疗效。

和耶稣打过交道并且请求他的帮助。当耶稣问他叫什么名字时，他做了这种动人的回答，"我的名字叫军团，因为我们的人数如此众多"。圣·马克又继续说道："现在，在靠近大山的地方有一大群猪在吃食，而且所有的魔鬼都恳求他说，把我们送进那群猪里去，这样我们就可以进入它们心中。于是耶稣向它们发布了必须立即执行的命令。那些邪恶的精灵便走了出去，进入那群猪的心灵之中；于是那群猪便狂暴地跑向一座陡峭的崖壁，掉进了大海（大约有2000只猪），并且在海里淹死了（《马可福音》5：11～13）。"

许多与此类似的事情可以在人种史的文献中发现。例如，约鲁巴人（Yoruba）①的治病术士让患上心理疾病的患者站在一条湍急的河流中。他们用三只斑鸠作为天然的生物海绵，把邪恶从病人身上洗掉，然后把这些斑鸠杀掉。它们的尸体便顺流而下，于是邪恶也就被河水带走了。[12]这些方法在当地的医疗实践中通常是有效的，就像耶稣对军团进行治疗所使用的方法同样有效。而且它们现在依然有效——在梦的自然世界中仍然有效。我们是从事医疗实践的荣格学派的分析师，我们这些人当然不习惯于命令精灵进入动物体内，把它们赶进大海或河里淹死。但是这种象征作用却一而再、再而三地在我们病人的梦和幻想中被发现。我们的任务就是使病人尽可能完全地参与到这个心理剧之中，把它表演出来。在这一点上我

----

① 约鲁巴人是尼日利亚的一个民族，主要分布在尼日利亚西部和西南部，另有少数分布在多哥、贝宁和加纳。他们使用约鲁巴语，有用拉丁文拼写的文字，多信奉基督教和原始宗教。

们所发挥的作用和传统的治病术士是相同的。

四、达到目标

治病的术士必定理解仪式的重要性。例如，在古希腊有三百多座祭坛是为阿斯克勒庇俄斯设立的。这些祭坛的位置都设在非常漂亮的地方，周围有山、森林、神圣的溪流，与大海靠得很近。要想到一个阿斯克勒庇俄斯圣殿去，需要乘船和骑驴走过一段危险的旅程。当你到达之后，你要举行洁身仪式。你的衣服要换掉，你要喝下圣水并在圣河中洗澡，然后穿上干净的衣服。你要在祭坛上献上祭祀的牲畜并向阿斯克勒庇俄斯表示敬意。有人会把你领进阿巴顿（abaton），即神祇的神圣住所。在那里让你服下一种睡觉的药，你就等着睡觉吧——最初是睡在地上（incubation 的意思就是躺在地上），但后来是睡在躺椅上，称为"Kline"（就是弗洛伊德精神分析用的躺椅的早期形式和医生的诊所中用来检查疾病的工作台）。你睡着了，阿斯克勒庇俄斯或他的象征（那条巨蛇。它把患病的部位咬掉）必然会在你的某一个梦中出现，发出把病治好的信息，这种治愈信息本身就具有把病治好的作用。不需要对梦进行解释，这种经验本身就是治愈。

在希波克拉底(Hippocrates)①时代之后，阿斯克勒庇俄斯的影响开始减弱。希波克拉底之所以会受到医学史家的赞颂，不仅因为他——我引用原话——"直截了当地否决了那些崇拜阿斯克勒庇俄斯的牧师和治病术士的巫术和妖术"，而且还因为他非常强调观察、理性诊断和治疗方法的确定。[13]人们倾向于把这一历史时刻视为正统的医学科学与可供选择的传统治疗之间冲突的起源。但是我认为，这种冲突要比这个历史时刻古老得多。这是我们古代的原型天性的一种表达方式，它可以使问题向两极分化并且支持其中的某一方面。最终，这些冲突成为人类心理进化过程中的一种功能，而且与人脑的基本结构有关。随着现代对大脑皮层单侧化和大脑两半球不同功能的了解，我们才能够发现，在人们变得更加有理性的过程中，在避免使用巫术和仪式的过程中，治疗的医学越来越多地受到思维功能的支配，与排序、言语、数字的功能方式一起，隶属于大脑左半球的管辖范围。现代的医生和精神病学家都是希波克拉底的继承人，而那些"可供选择"的心理治疗师和心理分析师则是阿斯克勒庇俄斯的后继者，是情感、象征和直觉功能的支持者，这些功能更多的是在大脑右半球(负责整体的、非言语的和类比的活动)发挥作用，在古老的哺乳动物的脑干系统(及其原型的反应方式)中发挥作用。

---

　　① 希波克拉底(约公元前460—前377)，古希腊著名医生。他把医学发展成为一门专业，使之与巫术和哲学分离，创立了希波克拉底医学学派，对医学的发展做出了很大贡献，被西方人称为医学之父。

按照我的看法，这两种方法各有其作用，如果排斥了其中一种方法，另一种方法也就失去作用了。阿尔弗雷德·J. 齐格勒（Alfred J. Ziegler）①把这两种治疗方法统称为"sanistic"（源于拉丁文"sanitas"，名词的意思是健康，"sanus"形容词的意思是健康的，"sanare"动词的意思是使……成为健康的）。在希波克拉底那里，这就是左脑的方法，是病态过敏性的方法（和疾病的"病态"性质有直接关系），而在赞同阿斯克勒庇俄斯观点的人看来，这是右脑的方法，也可以把它们分别称为对抗疗法（allopothic，以化学药物和手术疗法为主的现代医学治疗方法）和顺势疗法（homeopathic，利用和激发人体固有的自愈能力根除疾病）②。健康的治疗方法中充满了太阳的象征作用，支配它们的神祇就是太阳神——阿波罗、赫拉克勒斯和赫利乌斯③。另外，病态治疗方法的象征物则是除了太阳之外的任何事物。与太阳性象征物相反，它是阴间地狱中的东西。[14]

在古希腊神话中，阿波罗最英雄的业绩就是，他战胜了作为其

---

① 阿尔弗雷德·J. 齐格勒（1941—1991），德国医生和心理学家，其名著《原型医药》（*Archetype Medicine*）对传统医学提出了挑战。在他看来，人类本性既不是自然的也不是健康的，而是令人苦恼的和有病的。只有通过原型治疗，才能使人认识到，只有生了病才可能有健康。

② 顺势疗法是由德国犹太医生塞缪尔·哈尼曼（Samuel Hahnemann，1755—1843）发明的。

③ 赫利乌斯是希腊神话传说中的日神，传说他每日乘着四匹火马所拉的日辇在天空中驰骋，从东至西，晨出晚没，令光明普照世界。在后世神话中，他与阿波罗被逐渐混为一体。在罗马他被称为索尔（Sol）。

绝对"对立面"的存在物，即被他杀死的那条可怕的巨蟒（the monstrous Python）。它居住在德尔斐附近的沼泽中，并且威胁要毁灭整个人类。这是对占支配地位的大脑左半球尊奉为神圣的理想人物（apotheosis）的象征，它是通过运用理性、纪律和自我控制而取得控制世界之胜利的。

塞缪尔·哈尼曼

阿波罗与巨蟒之间的关系可以在我们脑的四重进化结构中追溯到其踪迹，如图 4-1 所示。

阿波罗————————————————————————巨蟒
占支配地位的   ← 旧哺乳动物的 ← 新哺乳动物的 ← 爬行动物的脑
大脑左半球

图 4-1　脑的进化结构

早先我曾提到保罗·麦克莱恩关于三位一体脑（triune brain）的概念。这种观点认为，人脑并不像以前认为的那样是一个单一的器官，而是由三个脑合为一体的，每一个脑代表进化发展的一个阶段，每一个脑都有它自己的理智、记忆和行为模式。洛杉矶的神经科学家吉姆·亨利（Jim Henry）[1]论证说，占支配地位的脑半球代表着大脑皮

---

① 吉姆·亨利的全名是詹姆斯·亨利（James Henry）。他是加拿大神经科学家，加拿大麦克马斯特大学精神病学和行为神经科学系教授，长期从事疼痛的神经生理学研究，曾任加拿大疼痛研究学会主席。

层的第四次发展，也代表最近的发展，这是我们人类所独有的。[15]

用荣格学派的术语来说，健康的治疗是把意识自我的能量动员起来，而病态治疗的设计则是要把自性的能量动员起来。对两者之间的类似性与联系的归纳见表 4-1。

表 4-1　心理及其治疗的探索

(占支配地位的)大脑左半球	大脑右半球和脑干系统
正统的医学	可供选择的其他医学
希波克拉底	阿斯克勒庇俄斯
健康的(对抗的)治疗方法	病态的(顺势的)治疗方法
阿波罗	巨蟒
精神病学	分析心理学
自我	自性

超越功能

胼胝体

用齐格勒的话来说，病态治疗是"以感情移入为基础的（empathy-based）①治疗"。人并不是在同疾病做斗争或者压抑疾病，而是深入疾病之中，把它视为"符合事物秩序的合法的一部分"。[16]和后希波克拉底时代医学科学所采纳的那种健康的、大脑左半球的方法相反，分析心理学更倾向于阿斯克勒庇俄斯的那种阴间世界的、病态的方法。分析心理学是以感情移入为基础的——和顺势疗法及萨满教的治疗是一样的。通过训练分析，分析学家了解了，究

---

① 感情移入为基础的也可译作"以同理心为基础的"，指设身处地地站在对方的立场上来思考问题。"如果我就是他，我会怎么办"即我们常说的"将心比心"。在心理治疗中，医生要有这种同理心，尽量从来访者的视角思考问题，也鼓励来访者学会多站在病人的角度思考问题。

竟是什么东西横亘在病人的心里，究竟是什么东西与病态的东西保持着亲密联系。但是，分析并不是以牺牲阿波罗而取悦于巨蟒为代价的，它对斗争的双方予以平等看待。分析的仪式旨在刺激居住在梦者自然世界中的那些起治愈作用的力量，和萨满教的巫医一样，分析师是通过每天探究病人的无意识，探究他们自己心中的无意识这种直接经验而了解这个世界的。旧石器时代的地下世界是一个永远在紧急时刻随叫随到的资源，但阿波罗神的明亮却不愿意为幽暗深邃的阴间冥界做出牺牲。对话是一种方式，是把上苍与下界、内心世界与外部世界、当今时代和原型世界联系起来的一种方式。

在荣格看来，心理疾病起源于主观心理与客观心理、意识人格与无意识人格、自我与自性之间联系的丧失。治愈的方式就是把这两个方面结合在一起，就是要激活他称之为超越的(transcendent)的那种心理功能。超越功能代表的是朝向健康的无意识意志，它是使个性化发挥作用的原则，人类是渴望向更高水平的个人整合和意识进化的，而超越功能就是人类这种深切渴望的一种表达方式。正如欧内斯特·罗西(Ernest Rossi)①所建议的，荣格学派心理分析的目的可以用神经学的术语来理解，通过增加胼胝体(the corpus callosum——连接大脑两半球的一些很大的神经纤维束)在两个方向的联系而促进大脑两半球的整合。[17]

———————————

① 欧内斯特·罗西(1933—2016)，美国分析心理治疗师和生物治疗学家，是心身治疗研究的知名专家。

我不妨用另一个梦来证明我说的是什么意思。这个梦与一柄剑有关。这柄剑非常古老，装饰得也非常富丽堂皇。在这个梦里，这柄剑是从一个古坟冢里挖出来的，并呈现给了做梦者。做梦者是一个正在接受荣格分析的未婚女性。当问她对此有何联想时，她回忆起一个意象：她的父亲拿着一把短剑，那把短剑在阳光下闪闪发光。她的父亲是一个精力充沛和意志坚强的人，曾有过许多风流韵事，在做梦者还很年幼的时候就死了。但是，她却形成了一种很强烈的恋父情结（father complex），尽管她很喜欢与那些比较软弱的、有神经症的、与她的父亲大不相同的男人打交道。

假如现在是弗洛伊德在分析这位妇女的话，他就会把那柄剑看作男性生殖器的象征，从而得出结论：她之所以喜欢较软弱的男人，是因为她想要和她的父亲乱伦的欲望受到压抑所致。但是，荣格却向前迈出了重要的一步。当这位病人刚开始接受分析时，她本人就很软弱并患有神经症。通过那把剑的意象，她的无意识是在告诉她，她能够像她的父亲一样强壮和健康。换句话说，荣格的解释向她提出了一条使疾病康复的出路，一种未来行动的方向。这把剑代表着她想要获得健康的意志。它就是阳具（phallos）（用莫尼克的话来说），一种像埃及三大主神之一的奥西里斯的节德柱那样神圣的生殖力量，它是通过司生育与繁殖的女神爱希斯而得到康复的，爱希斯是终极女神，代表着女性的灵魂。[18]它是一种体现着超越功能的象征。

在最近几十年里，人们进行了大量的研究，想要对各种不同形式的心理治疗的有效性进行评价，而且这些研究似乎相当普遍地认为，和弗洛伊德学派的主张相反，对移情的洞察和分析并不是取得适当疗效所必不可少的。人们普遍认为，在所有的心理治疗中，也包括在精神分析中，存在着某些基本的特点——治疗师的威信和真诚、与病人建立的积极关系、一种共享的世界观；病人相信，按照这种程序去做将会证明确有帮助；等等，所有这一切都能提高治疗的主要影响力，即暗示作用（suggestion）。[19]

现在，我并非想要否认暗示的重要性。但是，我之所以相信它是重要的，只是因为它对那些更基本的力量会产生影响。我指的是病人心中存在的那些内源性的治愈力量。之所以心理治疗、自生训练（autogenic training）①、催眠术、沉思、神圣治愈（divine healing）②、松弛技术、安慰剂反应，以及全部"可供选择的"技术——当它们确实在发挥作用时——会起作用，就是因为它们成功地激活了这些内源性的力量。

荣格学派的理论认为，自己比这种观点更深入了一步。确实如此，可以把它理解为一个漫长的过程，在这个过程中，它把超越功能动员起来，运用梦和积极想象，以保证自我通往人内心深处的原

---

① 自生训练指练习者按照自己的意愿，使自身产生某种生理变化的一种训练，有人译作自我暗示训练。它是在催眠术的启发下，由德国神经病理学家沃格特（Oskar Vogt）于 1890 年提出，由德国精神病学家舒尔茨（Wolfgang Schults）完成，后来又由舒尔茨的学生卢西（W. Luthe）加以完善，并使之成为广为流传的一种自我调节的方法。

② 神圣治愈，又称圣疗术，指使用咒语或魔法治愈的一种神力。

型世界。许多非洲西部民族的信念可以作为这两种经验领域之间关系的代表。他们相信，每一个人在出生之前就与一个天国的幽灵签订了合同。按照西非人的这种观点，在你进入这个世界之前，你就已经与你的幽灵签订了一份合同，规定了在你的一生中你将要做什么的问题——你将要活多久、你一生的工作将是什么、你怎样为你的社会服务、你将和谁结婚、你将有几个孩子等。然后，就在你即将出生之前，有人就把你领到遗忘树（the Tree of Forgetfulness）①前，你环抱住遗忘树，从那一刻起，你便失去了对这份合同的全部有意识的记忆。但是，你一定要兑现你在合同中做出的全部承诺。如果你不兑现这些承诺，你就会生病，你就需要一个占卜者来提供帮助，他将运用其全部技能与你的天国幽灵取得联系，发现你违反了或者未能履行哪些合同条文。[20]在西方社会中，这个占卜者的角色是由荣格学派的分析师来承担的。

通过注意倾听旧石器时代的内心世界的声音，我们不仅能够把我们自己的个性化更向前推进一步，而且能使我们自己对纠正我们文化中的严重不平衡做出贡献。除此之外，难道我们还能在政治的、社会的或生态学的领域中做更多的事情吗？在我看来，这似乎是我们时代的一个关键问题。这个问题实在太大了，难以在此做出回答。但是我们至少可以用我们一直在使用的术语来为它制定一个

---

① 遗忘树是西非国家一些民族的宗教仪式，指奴隶在出发前要围绕一棵大树转三圈，以忘记他们生长的土地。

框架。如果我们的许多心理疾病是由我们现在居住的环境使得原型意图受挫所致，那么，我们可以做些什么，才能使我们心中的那个两百万岁的男人或女人更多地感受到，生活在当今世界就像是在家里一样舒适呢？

我们可以在今后两个世纪里大幅度减少世界人口；使自然栖息地和生态系统不再遭受粗暴的破坏；在小型的、相互支持的社会中重建人类生活的中心；增强人们对所有生物的尊敬态度；使一种新的神话倾向或宗教倾向得以出现，这种倾向能够使我们把自己看作大自然（或本性）的仆人而不是它的主人。我们还可以列举很多，永无止境。

人们并不知道怎样才能使这些措施中的任何一种得到实现，但是，如果自性决心要做到的话，它就一定能够达到目的。接近这个原型的世界，开始认识未知的事物，至少是一种开端。现在，为了其全部未来的生存，我们这个星球组成的自然世界要依赖于自性能达到什么样的目标，其手段是，通过其心灵内部的那个代表，即我们心中的那位原始的幸存者。

第四章注释：

[1] T. A. Lambo, "Further Neuropsychiatric Observations in Nigeria," *British Medical Journal* (1960)：1696-1704.

[2] N. S. Kline, "Use of *Rauwolfia Serpentine* Benth. In Neuropsychiatric

Conditions,"*Annals of the New Academy of Science* 59(1954): 107-132; R. Prince, "The Use of Rauwolfia for the Treatment of Psychoses by Nigerian Native Doctors,"载 *American Journal of Psychiatry* 117(1960): 147-149.

[3] P. P. Onyango, "The Views of African Mental Patients towards Mental Illness and Its Treatment,"Master's thesis, University of Nairobi, 1976，引自 Julian Leff, *Psychiatry around the Globe: A Transcultural View.*

[4] Henri Ellenberger, *The Discovery of the Unconscious*, p. 38.

[5] C. J. Groesbeck, "The Archetypal Image of the Wounded Healer," 载 *Journal of Analytical Psychology* 20(1975): 122-145.

[6] D. H. Rosen, "Inborn Basis for the Healing Doctor-Patient Relationship,"载 *Pharos* 55(1992): 17-21.

[7] Frederico Sal y Rosas, "El mito del Mani o Susto de la medicina indigena del Peru,"载 *Revista Psiquiatrica Peruana* 1(1957): 103-132.

[8] N. J. Allen, "Approaches to Illness in the Nepalese Hills,"载 *Social Anthropology and Medicine*, J. B. Loudon 主编。

[9] Leff, *Psychiatry around the Globe.*

[10] Winnicott, *Playing and Reality*, p. 6.

[11] M. J. Field, "Chronic Psychosis in Rural Ghana," 载 *British Journal of Psychiatry* 114(1968): pp. 31-33.

[12] R. Prince, "Indigenous Yoruba Psychiatry,"载 *Magic, Face and Healing*, A. Kiev 主编。

[13] Alex Sakula, "In Search of Hippocrates: A Visit to Kos," 载 *Journal of Royal Society of Medicine* 77(1984 年 8 月): 682-688.

[14] Alfred J. Ziegler, "Morbistic Rituals," 载 *The Meaning of Illness*, Mark Kidel 和 Susan Rowe-Leete 主编, 第 155-170 页。

[15] J. P. Henry, "Comment" (载 *The cerebral Hemispheres in Analytical Psychology*, Rossi 撰写)。*Journal of Analytical Psychology* 22 (1977): 52-57.

[16] Ziegler, "Morbistic Rituals,"p. 162.

[17] Ernest Rossi, "The Cerebral Hemispheres in Analytical Psychology," 载 *Journal of Analytical Psychology* 22(1977): 32-51.

[18] Eugene Monick, *The Phallos: Sacred Image of the Masculine.*

[19] K. M. Calestro, "Psychotherapy, Faith Healing and Suggestions," 载 *International Journal of Psychiatry* 10(1972): R. Prince, "Variations in Psychotherapeutic Procedures," 载 *Handbook of Cross-Cultural Psychology*, Vol. 6, *Psychopathology.*

[20] R. Horton, "Destiny and the Unconscious in West Africa," 载 *Africa* 31(1961): 110-116.

尾　声

在梦心理学的历史中,以下两种观点之间一直充满了冲突。一种观点认为,梦是具有丰富意义的交流;另一种观点则认为,梦是脑生理活动的毫无意义的残渣。弗洛伊德在 19 世纪末写道:"人们经常把梦和'人的十个手指'相比,这个人对音乐一无所知,面对钢琴的琴键他感到无从下手……使用这种明喻以及对梦持有类似观点的人,通常都是严谨的、科学派的代表。按照这种观点,梦是一种完全不可能解释的东西。因为一个对音乐一窍不通的人,他的十个手指怎么能够弹奏出一首美妙的乐曲呢?"[1]

这种态度在诸如弗朗西斯·克里克(Francis Crick)①和葛莱姆·

---

① 弗朗西斯·克里克(1916—2004),英国分子生物学家、生物物理学家和神经科学家,因发现脱氧核糖核酸的分子结构而于 1962 年获得诺贝尔生理学或医学奖。1983 年,他和其同事葛莱姆·米其森提出,梦不过是生活中多出来的残渣。根据他们的假设,做梦时的大脑相当于垃圾车,专门收集人脑在清醒时丢弃的垃圾,再将它们倾卸掉。就像所有破旧的垃圾一般,梦最好也能被遗忘掉。这种观点受到后来一些研究梦的学者的批评。

米其森(Graeme Mitchison)这类当代梦科学家所如此喜爱的类比中也存在着。他们把梦比作从计算机中清理出的多余的信息。这种假设曾在学术杂志上受到极大重视，但它却并不是什么新鲜事物。早在 19 世纪 80 年代，W. 罗伯特(Robert)①就提出过这种观点，他把梦描述为"躯体的一种排泄过程"。罗伯特写道："一个被剥夺了做梦能力的人，会随着时间的延续而变得心理错乱，因为有大量尚未完成的、未消耗完的思想和表面印象会累积在他的头脑中，那些本应作为完整的整体而同化到其记忆中去的思想，会因为其容量有限而发生窒息。"在对罗伯特的观点进行总结时，弗洛伊德把梦描绘成"心灵的清道夫"。[2] 我们可以把这种观点描述为像噬菌细胞(phagocyte)那样的梦的理论(吞噬细胞负责清除输送血液中的那些有毒物质的白细胞)。当我们读到这些作者的观点时，我们不可避免地会想象到，他们都受到了《医生的两难困境》(The Doctor's Dilemma)这出戏剧的影响。在这出戏中，乔治·萧伯纳(George Bernard Shaw)②令人难忘地把所有的职业都描述为"针对外行的阴谋"，而且提出了一种医学上的狂热断言："对于所有的疾病来说，归根结底只有一种真正科学的治疗，这就是刺激噬菌细胞。"当人们

---

① W. 罗伯特是德国汉堡的物理学家。1886 年，他指出，人在一天的活动中有意或无意地接触到无数的信息，必须经过做梦把这些信息释放一部分。因此，他提出了著名的"做梦是为了忘记"的理论。

② 乔治·萧伯纳(1856—1950)，英国著名的现实主义戏剧作家，1925 年因其作品具有理想主义和人道主义而获得诺贝尔文学奖。

开始用科学的观点对待所有的梦时，许多当代的研究者似乎也都持有相同的观点。

虽然我并不想逃避科学研究方法提出的要求，但是，我却主张对梦采取一种整体论的观点——由于科学家在理论上的狭隘偏见和实验方面的严格要求，他们经常不采用这种观点。在我看来，有人认为，用诠释学（解释的）和科学（实验的）方法对梦进行研究，应该会对各自的优点进行相互补充和更正，这种看法似乎并非没有道理。

实际的情况是，梦科学家和神经生理学家极大地增进了我们对梦的理解。如果要对他们进行批评的话，那就是因为他们的方法中所坚持的还原论（reductionism）①。这样做的危险性在于，我们越是认为我们是计算机，我们就越会变得像计算机。我们之所以强调这种观点的重要性，是为了使我们不会减少对梦的兴趣。我们还记得，埃尔贡地区的那个土著医生曾向荣格哀叹，他的民族已经把梦丧失了。相反，我们会把梦视为一种有危险的物种，就像利亚姆·赫德森（Liam Hudson）②所认为的，梦是技术进步的受害者。[3] 为了防止这种情况发生，我们必须继续高度重视我们的梦。在罗伯特·

---

① 还原论是一种主张把高级运动形式还原为低级运动形式的哲学观点。这种观点认为，现实社会生活中的所有现象都是由更低级、更基本的现象组成的。因此，我们只要研究清楚低级形式的运动规律，就可以了解和掌握高级运动形式的规律。

② 利亚姆·赫德森（1933—2005），英国社会心理学家和作家。他为理智的特殊化心理学的相关做了非常出色的概述。

布莱（Robert Bly）①所谓野人（wild man）的意义上，梦应该被当作野性的东西而受到尊重，对那些尝试使它们"科学化"的所有企图，我们都必须予以反对。

我们的文明已经变成了崇尚物质主义的沙漠，当我们更深入地漫游到这个沙漠之中时，我们的梦就成了精神生命力遗留给我们的唯一的沙漠绿洲。它们代表着我们的原始栖息地，代表着我们最后的野性，我们必须拿出像保护雨林、臭氧层、大象和鲸那样的热情来保护我们的梦。

同时，那个原始的幸存者仍继续在我们的梦中用奥西里斯的声音和精灵对我们讲话。我们不应该鼓励赛特把他割裂。但是，在不可避免的情况下，当赛特确实要这样做的时候，我们千万不要忘记召唤爱希斯，请她来帮助我们把这些割裂的部分重新收集起来，把它们重新结合成一个整体——不仅包括弗洛伊德学派的男性生殖器，而且包括那个神圣的、具有生殖力的阳具（phallos）。

尾声注释：

[1] Sigmund Freud, *The Interpretations of Dreams*，p. 148.

---

① 罗伯特·布莱（1926—2014），美国诗人、作家和社会活动家。其诗作《上帝之助：一部男人的文化史》（*Iron John：A Book about Men*）（1990）曾一度刊登在美国《纽约时报》（*The New York Times*）畅销书榜达 62 周之久。他的另一部诗作《身体周围的光》（*The Light around the Body*）也于 1968 年获得美国国家图书奖。

[2] F. H. C. Crick and G. Mitchison，"The Function of Dream Sleep,"载 *Nature* 304（1983）：111-114；Sigmund Freud，*The Interpretations of Dreams*，pp. 149，150（Robert 引自第 149 页）.

[3] Liam Hudson，*Night Life：The Interpretations of Dreams*.

译后记

　　如果我们承认达尔文的生物进化论，承认人类是从其他物种演化而来，那么，在长达数亿年间的生物演化中，生物为适应环境而形成和积淀下来的心理遗迹，也必然会在其后继者的人类身上以潜意识的形式而遗存下来。尽管我们还不能像意识那样清晰地认识它，但却可以在现代人的梦境、神话、精神病症状、带有民族传统特色的心理治疗和宗教仪式中显现出来。用现代脑科学的语言来说，可以在人脑最古老的部位以集体潜意识原型的形式表现出来。著名分析心理学家卡尔·古斯塔夫·荣格把人类物种的这种演化形象地称为"在我们所有人身上的那个两百万岁的人"。即便是在当今时代，在人与人之间的内在关系日益疏离的今天，这个两百万岁的老人，即集体潜意识及其原型却依然在我们的心灵深处帮助我们更好地生存，从而使人类脆弱的心灵得到一次又一次的拯救。荣格心理学给人带来的内在心灵的精神启示是难以言表的。

　　本书作者，安东尼·史蒂文斯是国际知名的分析心理学家、精神病学家和多产作家。他通过对文化人类学、性格形成学、社会生物学、神经科学、心理语言学和荣格心理学之历史发展的广泛浏览，探讨了荣格所谓两百万岁的自性及其本质，考察了当今世界满足和拒绝集体潜意识之基本需要和意愿的方式。在《两百万岁的自性》这本令人耳目一新而又使人深思的著作，描画了自性这个不可知的原型是怎样在我们的心灵深处大放异彩的。作为一个从事心理治疗的分析心理学家，史蒂文斯通过对梦和精神病的分析，提出了一种紧迫而又富有挑战性的观点——这个两百万岁的自性和人的自然本性一样，会给人类提供现代社会的我们常常予以否认的古老智慧。通过对人类内在心灵的关注，史蒂文斯认识到，我们不仅要通过心理学和心理治疗来促进个人的整体性，而且还要对我们的文化差异和不平衡做出新的阐释。正是由于人类社会过分强调这种文化差异，而相对忽略了人类生物演化过程中的共性，才导致当今时代日益严重的战争和杀戮，这样做的后果对整个地球都会造成毁灭性的威胁。出于对地球生态的关注，史蒂文斯向我们展示了一幅未来我们怎样保持与地球和谐相处的崭新图景。

作为荣格心理学研究的爱好者，我从 20 世纪 80 年代中期在北京师范大学心理学系攻读硕士学位时就致力于对荣格自性理论的研究和思索。荣格的思想带给我的不仅是心灵的启示，更多的还是一种精神奋进的动力。或许这就是我研究荣格 30 多年至今仍然痴迷其中的原因之一。阅读荣格的著作是一种心灵的远古游历过程，在人类心灵历史的长河中荡漾无疑是一种心灵的享受，尽管其中有很多我们未知和不熟悉的事物，但想到两百万年前我们的人类祖先就是在这样的心灵探索中走过了一代又一代，这又使我们产生了一种似曾相识之感。集体潜意识的力量是伟大而又潜在的，是任何人都无法摆脱或逃避的。我诚挚地希望人类能够勇敢地探讨我们内心的精神世界，愿世间万物的灵性推动人类社会与大自然和谐共生。

我曾翻译过安东尼·史蒂文斯的两部著作，一部是《简析荣格》，另一部就是这本《两百万岁的自性》。安东尼对荣格心理学的理解深刻而独特，他的观点同样具有某种震撼和激励人心的力量。我在翻译本书的过程中也常常被其中深刻的理论思考和翔实的案例剖析打动，被原型所具有的那种超凡的治愈力量折服。因此，当我的母校，北京师范大学出版社邀请我翻译这本书时，我欣然应允。策划编辑何琳老师为本书的出版付出了辛勤的劳动。在本书翻译出版之日，我愿意向所有支持本书出版的同行好友表示诚挚的谢意。当然，翻译中的错谬之处在所难免，概由译者本人负责，恳请学界同人不吝指正。

杨韶刚

广东外语外贸大学白云山麓

The Two Million-Year-Old Self，by Anthony Stevens
Copyright © 1993 by Anthony Stevens
Manufactured in the United States of America
Published by Texas A & M University Press
All rights reserved
Second printing，2005
Simplified Chinese translation edition published by Beijing Normal University Press.
本书中文简体字翻译版由北京师范大学出版社出版。未经出版者书面许可，不得以任何方式复制或抄袭本书的任何部分。
北京市版权局著作权合同登记号：01-2019-4343

图书在版编目(CIP)数据

两百万岁的自性/(英)安东尼·史蒂文斯著；杨韶刚译. —北京：北京师范大学出版社，2020.6(2023.4重印)
（心理学经典译丛）
ISBN 978-7-303-25117-9

Ⅰ. ①两… Ⅱ. ①安… ②杨… Ⅲ. ①心理学—研究 Ⅳ. ①B84

中国版本图书馆 CIP 数据核字(2019)第 189883 号

图书意见反馈：gaozhifk@bnupg.com　010-58805079
营销中心电话：010-58807651
北师大出版社高等教育分社微信公众号　新外大街拾玖号

LIANGBAIWANSUI DE ZIXING
出版发行：北京师范大学出版社　www.bnup.com
　　　　　北京市西城区新街口外大街 12-3 号
　　　　　邮政编码：100088
印　　刷：北京虎彩文化传播有限公司
经　　销：全国新华书店
开　　本：890 mm×1240 mm　1/32
印　　张：6.125
字　　数：130 千字
版　　次：2020 年 6 月第 1 版
印　　次：2023 年 4 月第 2 次印刷
定　　价：68.00 元

策划编辑：何　琳　　　　　责任编辑：梁宏宇　朱冉冉
美术编辑：李向昕　　　　　装帧设计：李向昕
责任校对：康　悦　　　　　责任印制：马　洁